Alfonso Gálvez

Mística y Poesía

New Jersey
U.S.A. - 2023

Mística y Poesía by Alfonso Gálvez. Copyright © 2023 by Shoreless Lake Press. American edition published with permission. All rights reserved. No part of this book may be reproduced, stored in retrieval system, or transmitted, in any form or by any means, electronic, mechanical, photocopying, recording or otherwise, without written permission of the Society of Jesus Christ the Priest, P.O. Box 157, Stewartsville, New Jersey 08886.

CATALOGING DATA

Author: Gálvez, Alfonso, 1932–2022
Title: Mística y Poesía

First Printing	New Jersey, 2018
Second Printing	New Jersey, 2023

Library of Congress Control Number: 2023903482

ISBN: 978-1-953170-28-6 (hardcover)
    978-1-953170-29-3 (e-book)

Published by
Shoreless Lake Press
P.O. Box 157
Stewartsville, New Jersey 08886

INTRODUCCIÓN

Este estudio no pretende ser una investigación seria sobre las relaciones entre la Mística y la Poesía. Cualquier intento de emprender semejante tarea requeriría poseer las cualidades de místico y de poeta, de las cuales personalmente carezco.

Por otra parte, el hecho de ponerse a hablar sobre un tema tan difícil y complejo parece cosa de locos. O de gente desocupada, seguramente aburrida y desengañada de la vida.

Y posiblemente haya en eso algo de verdad en lo que se refiere a la locura. Aunque tal postura parte, de todas formas, de una visión equivocada de los conceptos de locura y de la vida desengañada que probablemente haya alcanzado también la senectud.

He tratado de ofrecer estas cuestiones para tener ocasión de discutir acerca de ellas cuanto se desee, y así es como han de considerarse en su conjunto.

Pero, tal como sucede a menudo en temas que son fundamentales, aquí también suele enfocarse mal el problema. Porque se olvida que el hombre complejo no es solamente *cuerpo*, sino que es también alma y espíritu formando un todo completo. De manera que no es el cuerpo humano el que es joven o se hace viejo, sino que es el hombre completo el que ha de afrontar esos dos estados fundamentales de su vida llamados juventud y vejez.

De donde se deduce que los conceptos de juventud o de vejez son relativos y abocados a consecuencias falsas cuando se usan impropiamente. Así es como pueden existir hombres de corta edad pero de espíritu viejo y corrompido, y otros de avanzada edad cuyo espíritu, no solamente se ha mantenido joven, sino que incluso ha adquirido la frescura y el dinamismo que proporcionan la experiencia, la sabiduría, la ilusión y hasta la capacidad de soñar. No puede olvidarse que el hombre, normalmente al menos, transcurrida su etapa de niñez, pasa por las de adolescencia y juventud para desembocar en la de madurez, llamada esta última a su vez a crecer en sabiduría, en experiencia, en prudencia y en sentido común.

El Apóstol San Pablo lo afirmaba claramente: *Por eso no desfallecemos. Al contrario, pues aunque nuestro hombre exterior se vaya desmoronando, nuestro hombre interior se va renovando día a día.*[1]

¿Quién se atreverá a afirmar seriamente que son *jóvenes* los integrantes de esa inmensa hornada de nuevas generaciones, educadas desde su infancia en el ateísmo, inducidas y enseñadas a cometer toda clase de aberraciones sexuales, a practicar el desprecio a todos los valores, cuya cultura y el horizonte de sus vidas se reducen a la fiesta del *botellón* y a la práctica frecuente del alcohol, de las drogas y del sexo?

Y dígase lo mismo con respecto a los conceptos de *cordura* y de *locura*. Ya dije en mi libro *Esperando a Don Quijote* que resulta casi imposible ponerse de acuerdo en cuanto a establecer una clara diferencia entre uno y otro. Y aún resulta más difícil cuando ambos conceptos se contrastan según el punto de vista puramente humano y la visión cristiana de ambos, y donde no cabe olvidar toda la teología y enseñanzas derivadas de la Cruz de Cristo (1 Cor 1). Definitivamente, la visión cristiana o la visión mundana de la cordura o de la necedad son incompatibles.

Y aquí, una vez más, el Mundo usa mal de tales conceptos fundamentales incluso aplicándolos al revés, llamando locos a quienes están cuerdos y cuerdos a quienes están locos. Cuando en realidad, consideradas las cosas objetivamente, la locura de Don Quijote, por ejemplo, supone un estado mental más sano que el demostrado con su conducta por la globalidad del hombre moderno.

---

[1] 2 Cor 4:16.

Introducción

Los ejemplos podrían ser innumerables y harían falta varios volúmenes para citar siquiera los más comunes. ¿Quién se atrevería, por ejemplo, a asegurar la cordura de gentes que han elegido como gobernantes a una serie de engendros sin principios, que los engañan y gobiernan como borregos? ¿Quién será capaz de afirmar el sano juicio de quienes, no solamente han aceptado, sino que han elevado a la condición de legítimas a las mayores aberraciones que rebajan al ser humano a un nivel inferior al de los animales? ¿Pueden considerarse como que están *cuerdas* y en su entero juicio a personas que han renegado de su Fe y son capaces de admitir como si fueran verdades las más atroces falsedades que les ofrece la Nueva Iglesia Modernista? ¿Se atreverá alguien a creer en la *cordura* de quien escuche y tome en serio las disparatadas alocuciones y falsedades de miembros de la más alta Jerarquía católica?

Otros pensarán que abordar hoy el tema de la Mística es otra locura. Pues sería traer a colación una *rara avis*, hoy por completo desconocida cuando no despreciada y escarnecida. Los pocos católicos que aún persisten en mantener su Fe, pero confusos y desconcertados por la ola de Modernismo que invade la Iglesia, prefieren las modernas *místicas* de las nuevos visionarios y videntes, de los nuevos maestros y pretendidos profetas, o de quienes alardean de la posesión de carismas tanto como de manejar a su capricho al Espíritu Santo.

Olvidando unos y otros a nuestros auténticos místicos del Siglo de Oro, a los verdaderos Santos y a la auténtica y seria Espiritualidad fundamentada en la Fe y en el auténtico Magisterio de la Iglesia. La que durante tantos siglos alimentó lo que fue un verdadero Cristianismo y hoy es ya solamente un recuerdo.

Por eso nuestra tarea va a consistir en esbozar unas simples ideas sin más pretensiones. Tales ideas responden a impulsos muy naturales y propios del corazón humano, como el deseo y la nostalgia de la belleza, el de la verdad o el del sincero amor. Lo que en último término viene a coincidir con la búsqueda de la verdadera Mística y de la auténtica Poesía.

Como en toda época de crisis, y ésta en la que vivimos es la mayor conocida por la Humanidad en toda su Historia, también ahora abundan los falsos místicos y los falsos poetas. La vida mística es un estado del alma sumamente raro y difícil, que a mayor abundamiento depende de la gracia y supera las meras posibilidades humanas. La condición de poeta en cambio no depende de la gracia sobrenatural sino de los dones naturales otorgados por Dios, pero que de todas formas son cualidades de extraña rareza. Con razón decía Gilson que el poeta nace pero no se hace.

Y tal como ocurre con los tesoros valiosos y sumamente raros, que siempre están expuestos al peligro de la falsificación, lo mismo sucede en el campo de la Mística y en el de la Poesía. Los falsos profetas, los videntes y los carismáticos son plagas propias de las épocas de crisis que causan un inmenso daño a las almas.

En cuanto a los falsos poetas, en realidad no existen en el Mundo. En primer lugar porque los falsos poetas *jamás se tienen por tales*, y por lo que hace a una Sociedad humana degenerada, tampoco piensa en los falsos poetas, puesto que está dispuesta a llamar poeta a cualquiera que se adjudique la titularidad, así como a considerar poético a cualquier producto de literatura basura. El daño que hacen al Mundo los falsos poetas consiste en que contribuyen a destruir la sensibilidad y el sentido artístico de la gente, y juntamente con eso la percepción de la Belleza.

Y volviendo al caso de los falsos profetas, carismáticos, videntes y aprovechados (términos a menudo sinónimos), adelanto ante todo que nunca he sido muy partidario de las revelaciones particulares.

Introducción 9

Un asunto delicado en el cual me declaro fiel discípulo de San Juan de la Cruz. Hombre escéptico este Santo en cuanto a las revelaciones privadas y poco amigo de videntes, hoy tan abundantes. De todos modos, cualquier cristiano sabe que solamente está obligado a creer en la Revelación oficial de la Iglesia.

Creo que mis creencias en este punto se limitan a Lourdes y, sobre todo, a Fátima, sin olvidar a algunas grandes e indiscutibles personalidades como es, por ejemplo, Santa Teresa de Jesús. Reconozco sinceramente que lo que más me inclinó a creer en la verdad de Fátima no fueron los prodigios o las gracias sobrenaturales que la han acompañado, sino la tremenda campaña en su contra desencadenada por parte del Sistema y por la Nueva Iglesia Modernista.

Como todo el mundo sabe, el tema principal y más controvertido con respecto a Fátima es el del famoso *tercer secreto*. El cual, sea cual fuere su contenido que en realidad nadie conoce todavía, ha sido manipulado, falsificado y escamoteado hasta el paroxismo, gracias a una multitud de intereses humanos —políticos, religiosos, sociales y económicos— en los que la Iglesia no ha desempeñado un papel brillante precisamente. En cuanto a la personalidad de Sor Lucía, parece haber sido sustituida tendenciosamente por otra distinta, sin que nada se haya sabido del paradero de la auténtica. En la actualidad apenas si cabe tener certeza sobre lo único que parece seguro, a saber, que la voluntad de la Virgen ha sido dada de lado en favor de intereses tendenciosos ideológicos y políticos.

Es una buena norma la de proceder con cuidado y prudencia en estos temas. En cuanto al caso de la Beata Ana Catalina Emmerich (siglos XVIII–XIX), reconozco su extraordinaria virtud cuya autenticidad respeto. Con respecto a sus visiones y revelaciones, abarcan un conjunto de cinco volúmenes cuyo contenido parece ser casi tan amplio como el de la Biblia. Algo así como si al Espíritu Santo le hubiera quedado algo por decir. San Juan de la Cruz afirma en sus escritos que el Padre, en su única Palabra que es el Hijo ahora hecho Hombre, ya había dicho todo lo que tenía que decir como necesario para la salvación de los hombres.

En tiempos más recientes, nos encontramos con el caso de Medjugorje, del que mucho se ha dicho y se ha escrito, además de haber sido objeto de examen por expertos, comisiones y subcomisiones, y acreditado por Obispos y personas de actualidad (unas veces a favor y otras no tanto), etc. Por el momento, lo último decidido por el Vaticano de manera oficial después de largas reflexiones, es que van a ser aceptadas solamente *las siete primeras visiones*, aunque acerca de las demás nada se dice. Según lo cual cabe la posibilidad, en pura lógica, de que las restantes sean falsas. El problema que se plantea entonces consiste en que, caso de que se consideren las siete primeras visiones como verdaderas, no parecería probable que unas auténticas videntes fueran capaces de inventarse las siguientes. Pero si sólo son admitidas las siete primeras, quedando abierta la posibilidad de que las siguientes sean falsas, ¿cómo entonces se puede creer en la sinceridad de las videntes con respecto a las primeras?

Este extraño caso consiguió recordarme una curiosa anécdota que me ocurrió hace bastantes años. Me encontraba conversando con cierto sujeto cuando, al cabo de un buen rato, me dice sin preámbulos:

—*Y ahora, esto que le voy a decir sí que es cierto.*

Confieso que quedé sorprendido, para pensar enseguida a continuación: Si lo que me ha dicho hasta ahora es una mentira, este hombre es un embustero. Pero si es un embustero, ¿por qué voy a creer lo que me diga a partir de ahora?

Por otra parte, según aseguró firmemente la vidente principal, la Virgen le había dicho que el Papa Francisco era el mejor Papa que la Iglesia había tenido en toda su Historia.

La cosa era para quedarse perplejo. Pues parece difícil admitir que la Virgen María desconozca la Historia de la Iglesia, y no ya la pasada, sino ni siquiera la presente. Diciendo tal cosa, por muchas alabanzas que se pudieran acumular a favor del Papa Francisco, puede parecer que se están usando palabras mayores. Por lo demás, las razones que pueda tener el Vaticano para admitir semejante montaje, del que podría decirse que carece de Lógica, son para mí completamente desconocidas.

Los tesoros materiales falsificados son normalmente difíciles de descubrir. Y aunque no debiera suceder lo mismo con los que pertenecen al orden espiritual o sobrenatural, los falsos y falsas videntes han existido siempre con abundancia a lo largo de la Historia de la Iglesia y han sido muchos los engañados.

Pero los verdaderos tesoros de la auténtica Mística y de la buena Poesía son inapreciables y difíciles de falsificar. Con todo, en los momentos actuales y a falta de lo auténtico, los hombres han optado en dar por bueno lo que todo el mundo sabe que es falso. O es que se ha caído en tal estado de corrupción y bajeza que la Modernidad está dispuesta a considerar como bueno y auténtico lo que en realidad es bajo y despreciable.

Que es lo que está ocurriendo con la Poesía actual. La cual, sencillamente, apenas si existe. Cualquiera puede acudir a Internet y buscar la lista de *poetas contemporáneos*. Aparecen por centenares, siendo cosa curiosa y hasta divertida examinar sus producciones. Sucede que hoy cualquiera se considera poeta. Lo que recuerda lo que decía el ignorante Fray Gerundio de la famosa novela del P. Isla, quien aseguraba que *para predicar como se predica por ahí, yo no necesito libro alguno.* Y añadía el P. Isla que el muy burro tenía razón. De la misma forma, admitido el concepto moderno de Poesía, cualquiera puede considerarse a sí mismo como apto para ser miembro del Parnaso. Y por supuesto que mucho facilita el camino, si es que se quiere ser considerado prontamente como un excelso vate, poseer la condición de ateo y ser políticamente de izquierdas.

No es extraño que en un mundo que ha renegado de Dios, y más aún dentro de la Iglesia de la Apostasía, la Mística y la Poesía sean tan escasas y difíciles de encontrar.

Claro que siempre quedan, por aquí o por allá, personas ilusionadas con capacidad de soñar. Amantes de la Belleza, del Bien y de la Verdad, aún mantienen la llama de la creencia en que tales cosas, con razón llamadas *transcendentales*, siguen existiendo. De tales valores se podría decir, en una peculiar traslación de las palabras que la Biblia aplica a Jesucristo, que: *fueron, son y serán lo mismo y los mismos. Y ayer, y hoy y por los siglos.* En la moderna Sociedad tales gentes quizá vagan desconocidas por lugares y vericuetos escondidos, ignoradas de un Mundo que ha renegado de Dios. Y con Él, de todo aquello que signifique cualquier *valor* que fuera capaz de elevar al hombre a mayor altura que los irracionales. Pero tales gentes existen y *están ahí*, y con ellas igualmente la Mística y la Poesía.

Por medio de este opúsculo he pretendido, haciéndolo de forma sencilla y sin ahondar en grandes disquisiciones, hablar de Mística y de Poesía. Tal vez para poner una nota de aire fresco en un mundo que ha olvidado tales temas. Pero también, todo hay que decirlo, como un pretexto para elaborar un intento de *acercamiento* al estudio de *El Cantar de los Cantares*. Un Libro inspirado, perteneciente al *Corpus* de la Revelación, que es tan importante y fundamental como desconocido y olvidado por el Mundo. Quién sabe si las diversas y numerosas alusiones que aquí se hacen al Libro puedan servir algún día para que alguien, ansioso de profundizar en el conocimiento de lo que es el Amor, así como de desvelar el misterio de la Belleza, la grandeza de la Bondad y las emocionantes curiosidades del *duende* de la Poesía, le dedique una atención tan definitivamente seria y completa que sea algo más que un simple acercamiento.

CAPÍTULO I

Mística y Poesía

Son muchos los que piensan que hablar de Mística o de Poesía en una Sociedad paganizada como la actual, secularizada e incluso anticristiana, no tiene sentido.

Pero las cosas son como son, y no como las piensan los hombres o desearían que fueran (o que no fueran).

Dios, el Ser Infinito y Necesario, se identifica con el Amor, puesto que Dios es Amor (1 Jn 4:8). La Bondad y la Belleza son atributos de Dios, que también se identifican con Él en cuanto que Dios es Bondad y Belleza Infinitas. Pero el hombre ha sido hecho por el Amor y para el Amor (con mayúscula y con minúscula), de manera que éste es su Principal y Único fin.

Pero Dios no existe porque los hombres hayan pensado en Él, ni deja de existir porque los hombres ya no crean en Él o no piensen en Él.

La realidad se impone de tal manera que el Amor, la Bondad y la Belleza *están ahí*. Que los hombres lo crean o no *es cosa absolutamente indiferente*.

Por otra parte, la Mística es el estudio de las relaciones de amor divino–humanas *consideradas en sus más altos y elevados grados*.

En cuanto a la Poesía, o la consideración de la belleza por medio de las palabras, es el instrumento más adecuado de que dispone el hombre para expresar el amor. Renunciar a la Poesía significaría renunciar directamente a expresar la Belleza, e indirectamente por lo tanto a la mejor forma de expresar a Dios.

Olvidarse de la Mística sería olvidarse del Amor. Y dar de lado a la Poesía supondría renunciar a la mejor forma de expresarlo y de referirse a él, cuando la verdad es que el ser humano no puede existir *sin el Amor y sin hablar del Amor*.

Las consecuencias de haberlo olvidado han sido trágicas.

Europa está a punto de desaparecer por haber renegado de sus raíces cristianas. El mundo está a punto de convertirse en una tiranía con un Gobierno universal dictatorial por haberse vuelto de espaldas a Dios. En cuanto a la Iglesia, ha caído en la situación de *Apostasía General* por haberse apartado de la doctrina enseñada por Jesucristo.

El discurso del Papa Pablo VI ante la ONU, el día cuatro de octubre de mil novecientos sesenta y cinco, en el que proclamó a la Iglesia como *Maestra en Humanidad* y reconoció la nueva *Religión del Hombre*, supuso un verdadero hito en la Historia de la Iglesia. Fue así como el Papa puso en marcha una bomba de relojería que acabaría por destruir la Iglesia y acarrearía consecuencias desastrosas para la Humanidad.

Pero el discurso de Pablo VI tuvo un antecedente aún más importante en el de Juan XXIII en la Apertura del Concilio, con el que el Papa declaró solemnemente la *Apertura de la Iglesia al Mundo*. A partir de ahora la Iglesia renunciaba a su misión de denunciar los errores que se oponían a la Fe y abría sus puertas a las nuevas corrientes de ideas, acabando así definitivamente con la enemistad con el mundo.

Quedaban ya muy atrás las advertencias del Apóstol Santiago: *¡Adúlteros! ¿No sabéis que la amistad con el mundo significa la enemistad con Dios?*[2] O las del mismo Jesucristo: *Si el mundo os*

---

[2]San 4:4.

odia, sabed que antes me ha odiado a mí.[3] Pero ¿qué importaban ya a la Iglesia las Palabras de la Escritura? Sonaban más fuertemente los clarines del Mundo que los ecos de las Palabras de Jesucristo, pronunciadas hace más de dos mil años y ya casi olvidadas.

En cuanto a las consecuencias, son demasiado patentes y están bien a la vista de todos.

Entre esas consecuencias está el problema de los malos Pastores. Los cuales gobiernan hoy a una Iglesia que ha quedado casi en su totalidad destruida. Pues no hay mejor forma de deshacer un rebaño que eliminar al pastor. Bien sea convirtiéndolo en un mercenario o bien mediante su sustitución por un lobo disfrazado de cordero. Aunque cabe también la posibilidad de transformarlo en un pastor mudo, que es aquél que ha aprendido a huir de los problemas no oponiéndose a los Poderes del Mundo, no hablando sino de lo que el Mundo entiende como lo *políticamente correcto* y, en definitiva, evitando situaciones comprometidas. Con lo que se cumple al pie de la letra la profecía de Isaías, como una prueba más de la perenne actualidad de las palabras proféticas de Dios contenidas en la Escritura:

> *Mis guardianes son ciegos todos,*
> *no entienden nada.*
> *Todos son perros mudos*
> *que no pueden ladrar.*
> *Somnolientos se acuestan,*
> *como amigos que son de dormir...*
> *Siguen cada uno su camino,*
> *cada cual busca su interés.*[4]

---

[3] Jn 15:18.
[4] Is 56: 10–11.

Los autores espirituales llaman *Mística* al conjunto de las relaciones amorosas divino–humanas que, alentadas por gracias sobrenaturales especiales y elevadas, han alcanzado un grado avanzado de perfección.

Los tratados de Espiritualidad Cristiana, en la parte dedicada a la *oración*, establecen la diferencia entre la oración llamada de reflexión o *meditación* frente a la que supone un grado de perfección mayor. Esta última, que depende de especiales gracias sobrenaturales, es conocida normalmente como *oración contemplativa*.

Ambos grados de oración determinan a su vez los diferentes estados de la vida interior o vida espiritual, los cuales han sido suficientemente estudiados a través de un extenso conjunto de tratados que exponen la doctrina de la Espiritualidad Cristiana. La Mística, objeto de nuestro estudio, tiene que ver únicamente con el estado de la oración contemplativa.

Aquí vamos a considerar solamente alguna de las cuestiones que se plantean en torno a la Mística, comenzando con el importante problema del lenguaje. Dado que el propio de la relación amorosa divino–humana, en sus grados más avanzados, transciende la forma normal de comunicación en las relaciones humanas, de ahí la dificultad que presenta el estudio de la Mística.

Toda relación amorosa exige necesariamente *comunicación* entre las personas que se aman. La cual consiste en un intercambio de ideas, de sentimientos y en último término incluso de vidas, donde el lenguaje, ya sea por medio de palabras o de gestos, desempeña un papel fundamental.

La relación amorosa meramente humana, incluso la que está animada por la gracia, está situada en un nivel diferente al de la relación de amor divino–humana. Lo cual se explica porque esta última se desenvuelve en grados muy elevados y superiores con respecto al amor puramente humano. Ambas, sin embargo, poseen el amor como elemento común y están relacionadas con el Amor Trinitario, si bien en diferentes grados según una cierta *analogía*.

Pero el lenguaje propio de la Mística *no suele ser el lenguaje común de los hombres*. Con lo que aparece un primer problema grave al que tal vez no se concede la debida importancia en los tratados de Espiritualidad.

No se trata de la naturaleza de la vida mística, puesto que el alma humana, elevada sobrenaturalmente en sus potencias por los dones y los frutos del Espíritu Santo, está capacitada para conversar con Dios a través de un entendimiento mutuo. La dificultad se plantea más bien cuando la Mística ha de ser entendida por terceros o cuando trata de comunicarse a terceros. En cuyo caso el lenguaje propio a utilizar es el de los hombres, puesto que no podía ser otro, pero con la consiguiente imposibilidad de que el contenido místico de la relación sea transmitido según su prístina originalidad.

La dificultad radica en que al intentar trasladar al lenguaje humano realidades de carácter sobrenatural, las cuales hacen referencia a la más profunda intimidad en la que tiene lugar el amor divino–humano, corren el peligro de desvirtuar su significado.

Aparte de eso, y como otro elemento añadido de dificultad, hay que tener en cuenta que las intimidades más profundas del amor se resisten a dejar de ser profundidades, de tal manera que la intimidad del *tú a tú* tiende a perder su naturaleza cuando deja de ser intimidad. Dificultad esta última que se acentúa en la relación de amor divino–humana.

En este sentido, el contenido íntimo de la relación amorosa divino–humana no suele llegar a terceros. Solamente son transmitidos elementos que rondan la aproximación, mediante datos difusos que son como las figuras que se pierden en la lejanía y se hace casi imposible distinguirlas. El contenido de la conversación de los que se aman, dentro de este estadio de la evolución amorosa, *queda exclusivamente reservado entre ambos*. Las palabras con las que se expresa la relación amorosa, en el contexto de las relaciones divino–humanas de las que aquí tratamos, fluyen de las intimidades más hondas del corazón en un ámbito sobrenatural singularmente elevado, y no son accesibles para quienes no sean el *yo* y el *tú* de la relación. Veamos un ejemplo:

> *Mi Amado, las estrellas,*
> *el mar que besan proas de mil naves,*
> *los ojos de doncellas,*
> *el canto de las aves,*
> *"aquello que te dije y que tú sabes"*.[5]

Pues el *sólo tú eres quien lo sabe* y *sólo tú eres quien lo puede entender* pertenecen a las reglas del amor. La conversación íntima entre un *yo* y un *tú*, dentro del ámbito místico sobrenatural, queda incluida dentro de lo inaccesible para el mundo exterior.

---

[5] Todas las estrofas que aparecen sin denominación de autor están tomadas de mi libro *Cantos del Final del Camino*. En raras ocasiones han sido retocadas con ligeras modificaciones introducidas por mí con vistas a este estudio.

CAPÍTULO II

*El tema de "La Arcadia"
en la Mística y la Poesía Mística*

La Poesía es la forma más sublime del lenguaje y un valioso instrumento auxiliar de la Mística. Goza de un poder evocador con el que llega más allá de donde alcanza la simple prosa.

Por otra parte, puesto que la Poesía es el mismo lenguaje cuando se emplea para expresar la belleza por medio de la palabra (hablada o escrita), y dado también que la belleza (el esplendor del ser) es un transcendental íntimamente unido al sentimiento del amor (todo el dinamismo y grandeza del ser depende del amor), nada tiene de extraño que la Mística, ya obligada de por sí a utilizar el lenguaje humano como instrumento de comunicación *ad extra*, eche mano de la Poesía como medio de expresión. El Amor en último término se identifica con el Ser, como se sabe por la Revelación: Dios es Amor. Que todo el dinamismo y el esplendor del ser depende del amor está bellamente expresado en el verso final con el que Dante acaba su maravilloso Poema:

l'Amor che move il sole e l'altre stelle.

El Cantar de los Cantares es el Libro inspirado del Antiguo Testamento que canta los amores del Esposo y la esposa (Dios y el hombre). Que esté redactado en forma poética no es en modo alguno casual. Pues la Poesía es la parte más escogida del lenguaje humano que Dios podía haber utilizado para narrar las intimidades y misterios de la relación amorosa divino–humana.

Por eso *El Cantar de los Cantares* es una prueba de las limitaciones a las que se ve sometida la Revelación. La redacción del Libro en forma de Poema es la demostración de que la Poesía era el instrumento más adecuado *del que Dios disponía* para introducir al hombre en el misterio de las mutuas relaciones de amor habidas entre ambos. Por su parte el Poema utiliza todas las figuras y recursos de las formas poéticas literarias: la metáfora, la sinécdoque, la metonimia, las comparaciones, la elipsis, la antítesis, el clímax, la anáfora, etc. Si el lenguaje de la Revelación es la mejor demostración de que Dios ha de hacerse pequeño cuando quiere comunicarse con el hombre —como efectivamente se hizo—, utilizando para ello los mismos medios de que dispone su criatura, y puesto que el amor es la más sublime de todas las realidades tanto en el Cielo como en la Tierra..., que *El Cantar* haya sido escrito en forma de Poema es la prueba más patente de la necesidad de la Poesía para hablar del amor, al mismo tiempo que la más elevada exaltación de esta forma de expresión del lenguaje humano.

Pero con la utilización de la Poesía en la Mística no están resueltas todas las dificultades, porque en realidad no han hecho sino comenzar.

Uno de los instrumentos de comunicación utilizados por la Poesía es *el mito*, cuyo ejemplo más importante es el de *La Arcadia*.

La Arcadia es un país imaginario creado por el Arte, puesto que es un producto de poetas y artistas. *La Arcadia* es una manifestación de la ansiedad humana en la búsqueda de la belleza y, en último término, del amor. Es una ilusoria región pastoril donde el hombre vive en un mundo que parece no haber sido dominado por la concupiscencia y en el que reinan la paz, la armonía, el arte y el amor.

Pero ilusorio no es sinónimo de *falso* (lo contrario al ser), sino simplemente de *irreal*. Mitos como el de *La Arcadia* son un producto del corazón y de la imaginación del hombre y la expresión de sus ansiedades. En el mito se hace abstracción de cualquier connotación con respecto a la existencia, aunque está en continua aspiración a realizarse en ella.[6]

La Arcadia es un país en el que impera la paz. Pero la paz y la soledad, tan cercanas al silencio, son un terreno abonado en el que fructifica el amor. Por eso suele estar habitado por pastores y zagalas dedicados a la cría de ovejas (el más pacífico de los animales), quienes con sus cantos corales y sus requiebros amorosos inundan de luz y alegría los extensos y verdes prados esmaltados de florestas.

Nada tiene de extraño el uso que hicieron de *La Arcadia* el Renacimiento y el Romanticismo. Los poetas de todos los tiempos encontraron en ella un lugar en el que dar pábulo a sus inspiraciones. Se emplearon en ella artistas de la talla de Garcilaso, Lope de Vega, el mismo Cervantes o Schiller, sin olvidar a otros anteriores como Dante en su *Divina Comedia*. Aunque fue ya en la remota Antigüedad cuando el mismo Virgilio utilizó el escenario de *La Arcadia* para sus *Bucólicas* y sus *Églogas*.

El Cantar de los Cantares, o el Poema del amor divino–humano, como no podía ser de otra forma también echa mano del mito de *La Arcadia*. Lugar ideal como escenario de las relaciones del amor humano, realidad sublime donde las haya cuando es verdadero, como participación que es al fin y al cabo del Amor Perfecto. Garcilaso la sitúa como telón de fondo en sus *Églogas* al comenzar a narrar los amores de sus pastores:

---

[6]El mito ha recibido frecuentemente a lo largo de la Historia connotaciones peyorativas. Pero en realidad el mito está abierto a interpretaciones perfectamente positivas, a menudo equiparables a las leyendas. La proximidad o diferencia entre leyendas o mitos es muy difícil de fijar en la Historia del pensamiento humano.

> *El dulce lamentar de dos pastores,*
> *Salicio juntamente y Nemoroso,*
> *he de contar, sus quejas imitando;*
> *cuyas ovejas al cantar sabroso*
> *estaban muy atentas, los amores,*
> *(de pacer olvidadas) escuchando.*[7]

Del amor humano al divino–humano media la distancia que va de lo natural a lo sobrenatural.[8] Y lo sorprendente en este caso es que el Libro de *El Cantar* también utilice el mito de *La Arcadia* ya desde el comienzo mismo del Poema:

> *Dime tú, amado de mi alma,*
> *dónde pastoreas, dónde sesteas al mediodía,*
> *no vaya yo a extraviarme*
> *tras de los rebaños de tus compañeros.*[9]

La búsqueda del Esposo comienza ya en el mundo pastoril de *La Arcadia*. El tema pastoril es, por supuesto, un tema común y frecuente en toda la poesía mística. Se presta con facilidad a los cantos que hablan de la belleza y consiguientemente del amor:

---

[7] Garcilaso de la Vega, *Égloga Primera*.

[8] También el amor meramente humano puede estar elevado por la gracia. Pero una cosa es la relación amorosa entre criaturas y otra muy distinta la relación amorosa entre Dios y la criatura, con las consecuencias pertinentes. Como fácilmente habrá comprendido el lector, cuando aquí se habla de relaciones amorosas divino–humanas nos referimos a las de grados más elevados que necesitan del concurso de gracias sobrenaturales especiales, salvo que se diga lo contrario.

[9] Ca 1:7.

> *Las luces de la aurora,*
> *las voces de pastoras y zagales,*
> *la tórtola que llora*
> *entre los robledales,*
> *y el beso de la brisa a los trigales.*

El tema arcádico acapara *El Cantar* de un modo u otro. Unas veces es el Esposo quien desciende a lo más florido de los prados, *a los macizos de las balsameras*, con el deseo de *recrearse entre las flores y coger azucenas*.[10] Y como puede verse, el Poema insiste en el escenario donde ha de transcurrir lo más íntimo de las relaciones amorosas con la esposa. Y como cosa la más propia del mundo de la Mística, sin procurar la paz y el silencio de las verdes praderas, así como la belleza y el arte lejos también del ruido y del bullicio de las gentes, no es posible la oración contemplativa ni la relación amorosa divino–humana.

El deseo de introducirse en el mundo de *La Arcadia* ha de figurar como iniciativa de la esposa:[11]

> *Ven, amado mío, vámonos al campo;*
> *haremos noche en las aldeas.*
> *Madrugaremos para ir a las viñas,*
> *veremos si brota ya la vid,*
> *si se entreabren las flores,*
> *si florecen los granados,*
> *y allí te daré mis amores.*[12]

---

[10] Ca 6:2.

[11] Por supuesto que todo empieza con la gracia y todo depende de la gracia. Pero sin una generosa respuesta por parte del hombre, dispuesto a iniciar el esfuerzo de recorrer el camino, no existe posibilidad alguna de relación amorosa.

[12] Ca 7: 12–13.

Las metáforas contenidas en el misterio de estrofa tan bella tratan de expresar lo inexpresable. Pues la consumación de la entrega de amor requiere siempre un espacio previo preparatorio, lo cual viene a ser regla general para todas las criaturas. En la vida mística, la llegada hasta la cima del *Monte Carmelo*, el paso hasta la última de las *Moradas* teresianas, o la llegada al final de la vereda,

> *allí donde se acaba la vereda*
> *y el duro trajinar atrás se queda*

requieren de un largo periplo introductorio. La criatura no está preparada para alcanzar un punto de eclosión del amor sin pasar primero por una serie de diversos grados ascendentes cuya misión es purificadora. Por eso la esposa invita aquí al Esposo a pasear por entre las viñas, *para ver si brota ya la vid*, y a introducirse en la floresta para comprobar *si se entreabren las flores y florecen los granados*. Solamente allí y después de eso, es donde la esposa reconoce que podrá entregarse plenamente al Esposo. Y de ahí sus palabras: *y allí te daré mis amores*.

CAPÍTULO III

Metáforas y figuras literarias
en la Poesía Mística

La metáfora como instrumento de la Poesía sufre de limitaciones que impiden que traspase los límites adonde llega. Conduce al lector hasta el umbral mismo del misterio para detenerse allí, incapaz de seguir adelante. Gracias a ella cabe la posibilidad de saborear lo maravilloso, pero sólo una pequeña parte del contenido del misterio. La suficiente, sin embargo, para comprobar que, pese a haber llegado solamente a las lindes de un lugar que se adivina como sublime, lo que hay más allá se vislumbra como que es lo inefable y que está por encima de toda imaginación.

Un ejemplo claro de las limitaciones de la metáfora lo podemos apreciar en una de las estrofas más bellas de San Juan de la Cruz. En ella el Santo trata de hacer una referencia a la figura del Amado:

> *Mil gracias derramando*
> *pasó por estos sotos con presura,*
> *y yéndolos mirando,*
> *con sola su figura*
> *vestidos los dejó de fermosura.*[13]

Con sola su figura. Aunque el Santo se guarda de describirla. Basta con la alusión a la *figura*, sin precisar más, dejando lo restante

---

[13]San Juan de la Cruz, *Cántico Espiritual.*

a la imaginación, que es la que tiene por misión completar y suplir el significado escueto de las palabras.

Y es curioso, a la par que sorprendente, el papel desempeñado por la imaginación en la Poesía. Su función es prometedora y engañosa a la vez. Promete lo *indecible* (porque nunca concreta acerca de lo que se trata) y llena el corazón de ilusiones para después no cumplir nada, dejando un cierto sabor de decepción que a pesar de todo no desanima. Sin embargo, el tiempo transcurrido entre la promesa y el desengaño es un momento mágico, más que suficiente para reconocer que la imaginación ha llenado cumplidamente su papel. Pues pese a todo es la máquina de sueños que llena de ilusiones una vida humana que de otra forma sería llana, prosaica, tosca y aburrida.

El *duende* de la Poesía se alimenta de la imaginación, mientras que ella, a su vez, aporta al *duende* la posibilidad de cambiarse en realidades diferentes según los diversos individuos, y aun diversas veces en el mismo. De ahí que la auténtica poesía puede ser leída y releída cuantas veces se desee, en la seguridad de que siempre se encontrarán en ella nuevos encantos, nuevas ilusiones, nuevos sueños y un nuevo alimento para la fantasía. La cual, después de todo, es la que alimenta y anima la vida de cada hombre.

Aunque parezca extraño y frente a toda lógica, *El Cantar* emprende una atrevida *descripción* del Esposo. Sin duda que la Revelación es consciente de la imposibilidad de una empresa que está condenada de antemano al fracaso. Por consiguiente debe existir un motivo que explique la redacción de un texto que a primera vista resulta hasta intruso, y en el que el hagiógrafo ha echado mano de todas las metáforas imaginables.

El texto comienza suponiendo que son las hijas de Jerusalén quienes increpan a la esposa para que les describa la figura del Esposo.

Metáforas y figuras literarias en la Poesía Mística

Cuando la empresa parece imposible es la esposa la que la emprende encadenando una serie de extrañas e impredecibles metáforas:

¿Y en qué se distingue tu amado,
oh la más hermosa de las mujeres?
¿En qué se distingue tu amado,
tú, que así nos conjuras?

Mi amado es fresco y colorado,
se distingue entre millares.
Su cabeza es oro puro,
sus rizos son racimos de dátiles,
negros como el cuervo.
Sus ojos son palomas
posadas al borde de las aguas,
que se han bañado en leche
y descansan a la orilla del arroyo.
Sus mejillas son jardín de balsameras,
teso de plantas aromáticas;
sus labios son dos lirios,
destilando exquisita mirra.
Sus dedos son todo anillos de oro
con rubíes engastados;
su pecho es marfil
cuajado de zafiros...[14]

El texto admite todas las explicaciones imaginables, en la seguridad de que ninguna puede aspirar a ser la definitiva buscada por el Autor.

Una explicación probable podría ser la de que se trata de un texto *de consolación*. Pues el Esposo sabe que no puede dar una

---

[14] Ca 5: 9–16.

descripción de Sí mismo capaz de satisfacer a las hijas de Jerusalén, que son quienes de momento la requieren aquí. Pero el Dios Misericordioso, conocedor de la naturaleza humana que Él mismo ha creado, sabe del afán de su criatura por conocer a Aquél para quien fue hecha y que es su Último Fin. Y sabe igualmente que tal naturaleza no puede adquirir conocimientos sin la ayuda en una primera instancia de las percepciones sensibles.

Sin embargo, tan bellas metáforas, que por otra parte dejan traslucir las exuberancias y el exotismo de un mundo oriental que aún las hace más hermosas, producen en el ánimo del lector, más allá y con más fuerza de lo que normalmente lo hace la Poesía, un misterioso e inefable sentimiento, lejano recuerdo de la naturaleza de la Primera Belleza y del Primer Bien. Y con todo, el papel de la Poesía, aun sin poder llegar a más, queda otra vez sobradamente cumplido.

San Juan de la Cruz reconoce que nada ni nadie podrían dar una noticia descriptiva de la Persona del Esposo, fuera de Él mismo:

> *¡Ay quién podrá sanarme!*
> *Acaba de entregarte ya de vero;*
> *no quieras enviarme*
> *de hoy ya más mensajero,*
> *que no saben decirme lo que quiero.*[15]

La historia de la Espiritualidad ha conocido a demasiados autores, artistas y hasta videntes, que han tratado de aportar imágenes o retratos, incluso descripciones de episodios de la vida de Jesucristo, con el loable fin de contribuir a trazar la idea más cercana posible de la figura o del rostro de la Persona del Señor.

---

[15] San Juan de la Cruz, *Cántico Espiritual*.

Los mejores pintores se han esforzado en presentar la figura del Cristo Crucificado o algunas escenas de la vida de Jesucristo. Algunas videntes han llegado a describir sus experiencias especificando, hasta con detalles mínimos, aspectos del rostro o de ciertos momentos de la Pasión de Jesucristo.

Pero salvando el incalculable valor artístico de ciertas obras de arte pictóricas o esculturales, todos los intentos llevados a cabo por acercarse a una cierta representación de la figura de Cristo han supuesto un fracaso. En cuanto a las detalladas descripciones proporcionadas por ciertas videntes, no llegan más allá de producir en el ánimo de quien las lee una sensación de vago fervor o quizá de vacío.

Santa Teresa de Jesús utiliza en sus Tratados una complicada terminología para distinguir las distintas clases de visiones de Jesucristo que le fueron concedidas. Habla la Santa de *visiones imaginarias, visiones intelectuales y visiones reales*. Y aunque no parece que exista especial dificultad en cuanto a las dos primeras, por lo que respecta a las visiones reales resulta difícil admitir la posibilidad de que cualquier alma humana, permaneciendo todavía en estado de *viador*, pueda contemplar el esplendor del Cristo Glorioso. Ni tampoco está claro el grado de realismo que deba atribuirse a las visiones personales del Apóstol de las que habla en 2 Cor 12.

Y es el mismo Apóstol quien reserva para el momento de estancia en la Patria la posibilidad de ver a Jesucristo cara a cara: *Ahora vemos como en un espejo, borrosamente; entonces veremos cara a cara. Ahora permanecen la fe, la esperanza y la caridad. Aunque la más grande de ellas es la caridad.*[16]

El texto es importante porque demuestra que para San Pablo la *permanencia en el estado de fe*, mientras el hombre continúa en

---

[16] 1 Cor 13: 12–13.

esta vida, es algo esencial. De donde sería necesario dilucidar la compatibilidad de tal estado de fe con la visión real.

El problema habría que hacerlo extensivo a las experiencias de los Apóstoles sobre Jesucristo después de resucitado (recuérdese también el episodio de Santo Tomás). Preciso es reconocer que la Revelación no ha aclarado ni profundizado más acerca de un tema que es objeto de estudio para la Teología. En cuanto a la visión directa de Dios por parte de los bienaventurados en la Patria necesita de la gracia especial del *lumen gloriæ*. Y aún cabría preguntar aquí acerca del papel de la contemplación de Jesucristo Glorioso, incluida por lo tanto su Humanidad, en la visión beatífica, otro problema teológico que no es de este lugar.

CAPÍTULO IV

*El diálogo
en la Poesía mística*

El diálogo como base de la relación amorosa divino–humana es un tema de estudio de importancia fundamental. Decir diálogo es decir *comunicación*, pues sin comunicación entre los que se aman no hay amor.

A su vez el diálogo tiene como medio de expresión el lenguaje. Que normalmente se alimenta de las palabras, pero también de los gestos, de los que la mirada es uno muy especial. Pues sucede a veces en el diálogo amoroso que una mirada posee mayor fuerza comunicativa que torrentes de palabras.

Las dificultades propias del lenguaje en este punto solamente aparecen cuando se trata del diálogo que ha tenido lugar y su comunicación a terceros, pero no en el que se realiza en la intimidad de los que se aman. Si el lenguaje amoroso no poseyera suficiente capacidad de expresión entre los enamorados, *carecería de sentido*.

Tanto la Mística como la Poesía no pueden proceder aquí sino por rodeos y aproximaciones. Las noticias habidas con respecto al diálogo se refieren a temas como el modo de llevarse a cabo en la relación amorosa divino–humana o sobre alguno de los efectos que produce. Y puesto que la fuente no puede ser otra que los datos aportados por los mismos místicos, con todas las limitaciones propias del caso de las que ya hemos hablado, la Literatura sobre el tema se limita a establecer hipótesis y especulaciones, cuya aproximación a la realidad es más segura a medida que los datos son más generales y menos concretos. Las extensas y a veces voluminosas *revelaciones* recibidas en sus *conversaciones* con el Señor de las que hablan algunos místicos, que tan amplia difusión suelen alcanzar en el mundo de hoy, no merecen demasiado crédito o más bien ninguno.

Después que la Humanidad se ha vuelto de espaldas a la verdad, la gente anda hambrienta de mentira, lo que no es sino un justo castigo de Dios a la perversidad humana. Algo así como si Dios dijera: no queréis aceptar el alimento de la verdad, pues tomad taza y media del caldo de la mentira. El Apóstol San Pablo lo avisa expresamente: *Puesto que no aceptaron el amor a la verdad para salvarse. Por eso Dios les envía un poder seductor, para que ellos crean en la mentira, de modo que sean condenados todos los que no creyeron en la verdad.*[17] No es extraño que los profetas, los falsos videntes, las sectas que monopolizan al Espíritu Santo (Carismáticos, Neocatecumenales, etc.), abunden hoy en la *Iglesia de la Apostasía*.

Pero volviendo al tema de la verdadera Mística, por lo que se refiere al problema del lenguaje íntimo en la relación de amor divino–humana, la Poesía adquiere ventaja, una vez más, sobre la simple prosa, aun teniendo en cuenta las limitaciones de ambas.

Lo cual se explica porque en el diálogo amoroso tiene lugar un *desbordamiento* del amor con todas sus afinidades: la belleza, la serenidad silenciosa, el aura de la mirada amorosa, lo inexpresable en el lenguaje, el arte en sus múltiples formas y, en general, todo lo que resulta inefable para el simple entendimiento humano.

El Cantar de los Cantares hace alusión a las voces del Esposo y de la esposa en relación al diálogo amoroso emprendido entre ambos:

---

[17] 2 Te 2: 10–12.

El diálogo en la Poesía mística 35

> *¡La voz de mi amado!*
> *Vedle que llega, saltando por los montes,*
> *triscando por los collados.*[18]

La voz del Esposo siempre va acompañada por la belleza y el misterio de lo *fascinosum*: ¿De dónde viene? ¿Por qué extrañas sendas ha caminado hasta llegar junto a la esposa? La belleza poética de las expresiones utilizadas por *El Cantar* suscitan el asombro de lo increíble y la extraña sensación de lo desconocido:

> *Saltando por los montes,*
> *triscando por los collados.*

Jesucristo ya había dicho que *El Espíritu sopla donde quiere, y no sabes de dónde viene ni adónde va*. Es la libertad, el misterio y lo fascinante del Espíritu Santo. Tan imprevisible, inexplicable y libre como el amor: *Donde está el Espíritu del Señor, allí está la libertad.*[19]

Y en efecto, saltando por los montes, triscando por los collados, sin saber de dónde viene ni adónde va..., produciendo en la esposa un efecto de aturdimiento enervador de los sentidos, de embriaguez amorosa, de exaltación vital y, sobre todo, de sentirse tan intensamente herida de gozo como próxima a sufrir muerte de amor.

Así es como lo viene a decir la Poesía mística común. El *te amo*, por ejemplo, del lenguaje amoroso humano —el dicho más maravilloso que Dios ha otorgado pronunciar al hombre— no puede tener el mismo efecto mortal, de muerte amorosa, de forma tan intensa como lo posee el lenguaje divino:

---

[18] Ca 2:8.
[19] 2 Cor 3:17.

> *Si de nuevo me vieres*
> *allá en el valle, donde canta el mirlo,*
> *no digas que me quieres,*
> *no muera yo al oírlo*
> *si acaso tú volvieras a decirlo.*

Y como las reglas del amor contemplan siempre la *reciprocidad*, también el Esposo por su parte espera la voz de la esposa, y no otra:

> *A un dulce ruiseñor hube pedido*
> *que el arte de sus trinos me dijera,*
> *y el ave, en suave canto, ha respondido*
> *que para hablar de amor mejor hiciera*
> *en cantarle al Amado a mi manera.*

Y ahora es el Esposo quien comienza a dirigirse a la esposa, tal como lo dice en *El Cantar*:

> *Levántate ya, amada mía,*
> *hermosa mía, y ven:*
> *Que ya se ha pasado el invierno*
> *y han cesado las lluvias.*
> *Ya han brotado en la tierra las flores,*
> *ya es llegado el tiempo de la poda,*
> *ya se deja oír en nuestra tierra el arrullo de la tórtola.*[20]

Debido a que el diálogo amoroso divino–humano es un desbordamiento del amor hasta límites que superan las posibilidades humanas, va siempre acompañado de sentimientos y fenómenos que

---

[20] Ca 2: 11–12.

El diálogo en la Poesía mística

surgen de los misteriosos abismos del amor y que superan los límites de cualquier imaginación humana.

Así por ejemplo, vemos aquí al Esposo *suplicando* a la esposa que le permita oír su voz. Y en efecto, porque algunas de las cualidades propias del amor, como la *reciprocidad* o el *nivel de igualdad* guardado en la relación de amor, alcanzan cotas que, como sucede en este caso, parecen desbordar el ámbito propio de la relación amorosa divino–humana:

> *Dame a ver tu rostro*
> *y dame a oír tu voz,*
> *que tu voz es suave,*
> *y es amable tu rostro.*[21]

En la poesía sanjuanista no aparecen ejemplos de diálogo *directo* entre el Esposo y la esposa. Más corrientes son las alusiones al tema en la poesía mística común:

> *Amado, yo quisiera*
> *al aire del jardín gustar tu cena,*
> *pues es la primavera*
> *y el monte ya se llena*
> *de romero, tomillo y hierbabuena.*

Y continúa el diálogo haciendo alusión al perfume de las hierbas aromáticas en la soledad de los montes, o al agua clara de sus manantiales que se deslizan hacia abajo por las agrestes laderas formando riachuelos que se pierden por las llanuras:

---

[21] Ca 2:14.

Mi Amado, subiremos
al monte del tomillo y de la jara,
y luego beberemos
los dos, en la alfaguara,
el agua rumorosa, fresca y clara.

Y como siempre, responde el Esposo tomando la iniciativa:

Amada, yo he buscado
de mi huerto de azahares el sendero,
y luego, te he esperado
detrás del limonero
para poder besarte yo primero.

El diálogo amoroso se interrumpe a veces a costa del silencio de alguna de las partes. Cuando es el Esposo quien deja de hacer oír su voz, el alma queda sumida en profundo desconsuelo, pues escuchar su voz es requisito indispensable para poder seguirlo: *Mis ovejas escuchan mi voz, yo las conozco y ellas me siguen.*[22] Por eso, cuando pasado el terrible silencio de su ausencia el alma escucha su voz de nuevo, otra vez emprende enardecida el vuelo que la conduce hasta Él:

De tu vergel un ave
por tu ausencia cantaba en desconsuelo;
y oyó tu voz suave
y, alzándose del suelo,
a buscarte emprendió veloz su vuelo.

---

[22] Jn 10:27.

El diálogo en la Poesía mística 39

Durante los avatares de la vida mística y al recorrer los caminos más avanzados de la oración contemplativa, llega un momento en que el alma ya no puede vivir sin escuchar la voz del Esposo. Ha probado la dulzura de sus palabras y ha experimentado el abismo de amor que encierran, de tal manera que ya no podría dejar de oírlas:

> *Son tus dichos de amores*
> *como una tela de suaves hilos*
> *en un lecho de flores.*
> *Ven a mi lado y dilos*
> *en mi jardín de rosas y de tilos.*

Dentro del misterio de la intimidad del diálogo amoroso, tanto el Esposo como la esposa se esfuerzan por preparar el *lugar* donde encontrarse. Aunque el lugar es tan etéreo y vaporoso como misterioso y sutil es el diálogo. En la Poesía mística suele ser un sitio aislado, ordinariamente elevado y solitario, adaptado igualmente a las florestas de la llanura o a la salvaje vegetación de la montaña. Y orientado a las brisas del cierzo, a las del viento solano o al de la tramontana. La siguiente estrofa, construida con pétalos de flores y exhalando perfumes aromáticos, podría ser atribuida tanto al Esposo como a la esposa:

> *Vayamos a las faldas*
> *del monte florecido de arrayanes,*
> *y hagamos dos guirnaldas*
> *con rosas de azafranes*
> *y pétalos de azules tulipanes.*

Y el diálogo continúa, haciéndose eco de los versos mágicos de *El Cantar*, ahora parafraseados por la Poesía mística común:

> *Vayamos a los prados,*
> *y el suave atardecer esperaremos*
> *y luego, de granados*
> *el néctar beberemos*
> *y el susurro del viento escucharemos.*

Y continúa la esposa, extasiada por oír la voz del Esposo:

> *Acércate a mi lado*
> *mientras el cierzo sopla en el ejido,*
> *y deja ya el ganado,*
> *y cuéntame al oído*
> *si acaso por mi amor estás herido.*

Tengamos en cuenta que el *diálogo* como facultad de comunicación es uno de los mayores dones que Dios ha otorgado al hombre, como hechura que es de Él *a su imagen y semejanza*. El diálogo en la criatura racional es un trasunto, o mejor, un *analogado* de la Vida Trinitaria.

La Vida Trinitaria es un eterno y amoroso *Diálogo* entre el Padre y el Hijo cuya sublime expresión es el Espíritu Santo.[23] La relación de espiración pasiva (*spirari*), con respecto al Padre y al Hijo que es el Espíritu Santo es también una relación real subsistente (en Dios no hay accidentes). Todos tres se distinguen realmente como *Personas*, aunque se identifican como Unidad en la Simplicidad de la Esencia Divina. Por eso se puede *atribuir* el Amor en Dios al Espíritu Santo, aunque es lo cierto que todo en Dios es Amor.

---

[23] No corresponde a este lugar hacer una exposición, ni siquiera en forma de breve resumen, de la teología trinitaria, que es cosa que corresponde a los numerosos tratados existentes sobre el tema.

El diálogo en la Poesía mística

El amor creado solamente puede ser un analogado con el Amor divino. En la relación amorosa creada las personas que se aman y el diálogo de amor con que se aman son cosas realmente distintas y no se identifican.

Pero el amor creado, como analogado que es y una participación con respecto al Amor Infinito, tiende indefinidamente hacia el Perfecto Amor. Movimiento que continúa en la eternidad, que por eso decía San Pablo que *la caridad no cesa jamás*.[24] De ahí que los que se aman, especialmente dentro de la relación divino–humana, tiendan cada vez más a una cierta intercomunicación de vidas que en realidad viene a ser una *cuasi–identidad* pero que nunca es identificación (no existe en Teología un término para denominar esta realidad sobrenatural).

El Padre *se dice* a Sí mismo lo que es en una sola Palabra en la cual lo dice Todo (como explicaba San Juan de la Cruz). Esta *Palabra* es Viva e Igual al Padre (el Ser Infinito es conocido en absoluta totalidad por su Inteligencia Infinita),[25] y de ahí que el Padre la ame infinitamente (la Esencia Divina es infinitamente amable). Y como es Palabra Viva e Igual al Padre, también ama a Éste infinitamente. Se origina así una Corriente Infinita y Mutua de Amor entre los dos (espiración activa o *spirare*) que por proceder de ambos da lugar a otra relación de espiración pasiva (*spirari*) que es ahora la Persona del Espíritu Santo (la espiración pasiva es también una relación real, como hemos dicho arriba, opuesta a la espiración activa).

De donde se deduce que el diálogo es una Realidad divina Increada, dada en participación al hombre, que se confunde con el amor y sin la cual no hay amor.

---

[24] 1 Cor 13:8.

[25] Por eso decía Jesucristo que *nadie conoce al Hijo sino el Padre, y nadie conoce al Padre sino el Hijo* (Mt 11:27).

Pero de hecho el hombre ha profanado, tanto el concepto como la voz *diálogo*. El diálogo en la actual sociedad humana no es otra cosa que una palabra con la que se disfraza y se encubre un cúmulo de artimañas, trucos y mentiras a través de los cuales cada una de las partes que dialogan tratan de obtener el mayor provecho posible para sí misma. Nadie va al diálogo con ánimo de decir la verdad ni de entregar nada de sí mismo. En la actualidad también se disfraza el diálogo bajo la forma de *consenso*, al que se llegaría a través de mutuas concesiones de las partes que dialogan. Muy utilizado hoy en Pastoral Ecuménica, ha dado lugar a inadmisibles y vergonzosas claudicaciones por parte del Catolicismo.

Lo que dicho de otra forma significa que el diálogo humano nada tiene que ver con el verdadero diálogo, además de ser enteramente opuesto al amor. Es una profanación, como hemos dicho arriba.

Pero en la relación amorosa meramente humana, una vez que el *amor* ha sido degradado a la condición de *sexo*, ha quedado destruida definitivamente toda posibilidad de diálogo. Pues no cabe el diálogo entre una persona y una simple *cosa*, que es la condición a la que queda reducida la otra persona, utilizada en el sexo simplemente como instrumento de placer para quien lo usa. Y hasta pasa inadvertido que la condición de *persona*, no solamente se pierde por quien es utilizado como mero instrumento, sino también por el que lo utiliza como herramienta para su placer.

Cuando tal degradación tiene lugar entre dos seres humanos ya no es posible hablar de relación amorosa y ni siquiera de simple relación, para la cual es necesario el concurso al menos de dos personas racionales.

El alma (el hombre) *ansía ardorosamente* llegar, saltando cualquier obstáculo que se oponga, hasta el lugar donde le espera Jesucristo. Quien también espera con ardor a su criatura e incluso con

El diálogo en la Poesía mística 43

mayor ansiedad. Y concretamente para el hombre, hablar con su Señor y escuchar su voz es lo que da sentido a su vida y le otorga fuerzas para superar todos los obstáculos y todos los sufrimientos.

Por eso estará dispuesto a ir a donde sea y hasta donde sea con tal de estar a su lado y oír su voz:

A la rosada aurora
salí a buscar, con paso apresurado,
a Aquél que me enamora.
Y habiéndole encontrado en buena hora,
estar quise a su lado
hasta morir de amor junto al Amado.

Pues la Noche su manto ha abandonado
y al alba sigue la rosada aurora,
ansioso corro hasta el florido prado
en impaciente busca del Amado,
después de que sonó la dulce hora
en que el tiempo de amar nos ha llegado.

CAPÍTULO V

El susurro en la Poesía mística

El *susurro* es una forma particular del diálogo cuyo uso en la Poesía mística parece muy apropiado al tema del amor. Los buenos diccionarios suelen definir el vocablo castellano como *bisbisear, mistar, murmurar, musitar, decir al oído, rutar, suspirar, decir en voz baja*, etc.[26]

El diálogo amoroso divino–humano, en la medida en que es capaz de comunicación a otros, y teniendo en cuenta lo poco que puede conocerse de él por el testimonio de los mismos místicos, utiliza a menudo el recurso del susurro.

Es lógico pensar que en los grados más elevados de la oración contemplativa, en los que la relación amorosa divino–humana alcanza sus momentos más íntimos, todo transcurrirá en un clima de soledad y de silencio alejado de contactos extraños. La misma definición del susurro da una idea acerca de su importancia práctica en la relación amorosa, y más aún cuando se trata de la relación divino—humana.

Es éste un lugar de la vida mística al que cualquiera cuyo conocimiento se limite a testimonios recibidos se asomará con temor y temblor. También con asombro, con admiración y hasta con cierta añoranza de lo que podía haber sido pero que nunca fue.

Quien llegue a este punto sin haberse corrompido por la iniquidad, comprenderá la diferencia que existe entre la verdadera Vida

---

[26] *Diccionario de María Moliner.*

y lo que los hombres consideran tal pero que en realidad no lo es, sino en todo caso el camino que conduce a la Muerte. Imaginemos el tremendo asombro que producirá descubrir lo que podía haber sido la *Perfecta Alegría* —aquélla de la que San Francisco hablaba a Fray León— frente a las estulticias y vaciedades que forman el entramado de la vida ordinaria. Las mismas que han sido causantes de una vida vacía que acaba en la desesperación. Cuando suceda el momento de descubrir, ya demasiado tarde, que ha transcurrido la propia existencia *sin haberla vivido y sin haber conocido la verdadera vida*:

> *En lágrimas bañado*
> *llora mi corazón, de amor herido,*
> *en penas angustiado*
> *del tiempo que se ha ido*
> *y por no haber amado se ha perdido.*

Es propio del susurro que el sonido de la voz se pierda hasta convertirse en algo casi inaudible. Lo cual alcanza su máxima prestancia en el susurro amoroso, en el que lo alado y etéreo de la voz se convierten en expresión y vehículo del suave misterio del amor:

> *Los mares sosegados*
> *en ondas azuladas y serenas,*
> *los ecos apagados*
> *de cantos de sirenas*
> *y un susurro de amor que se oye apenas.*

El Cantar de los Cantares no ofrece muestras directas claras del susurro en el lenguaje poético que tiene lugar entre el Esposo y la esposa. Sería difícil, por no decir imposible, transcribir lo que se han comunicado los dos que se aman, aparte de hacer notar que el hecho está ahí. Existen realidades que dan noticias de su existencia, pero nunca en lo que respecta a su contenido.

De todas formas el Libro habla de la dulzura y delicadeza que encuentra el Esposo en el lenguaje de la esposa, así como también del encanto y seducción que produce en la esposa la voz del Esposo.

Y una vez más la Poesía hace que las más bellas metáforas se sucedan unas a otras, en un esfuerzo por expresar lo inexpresable y por cantar a lo sublime. Siempre con el deseo de alcanzar las alturas inaccesibles de la belleza y de la bondad, hasta donde puede hacerlo al menos la pobreza del lenguaje humano:

> *Miel virgen destilan tus labios, esposa mía,*
> *leche y miel bañan tu lengua,*
> *y es el olor de tus vestidos*
> *el perfume del incienso.*[27]

> *Tu boca es vino generoso,*
> *que se entra suavemente por mi paladar,*
> *y suavemente se desliza entre labios y dientes.*[28]

Pero la Naturaleza y la Literatura de fantasía ofrecen incontables ejemplos, reales o imaginarios, en los que el ensueño de la belleza se expresa mediante susurros. Como el suave murmullo de las ondas de un mar sosegado que se apaga cuando las olas al fin besan la playa, o los ecos apagados de lejanas canciones que la brisa que sopla del mar trae hasta nuestros oídos..., mientras en el ambiente se respira

---

[27] Ca 4:11.
[28] Ca 7:10.

con encanto el susurro del amor, el cual parece escucharse y venir de todas partes cuando el silencio de la Naturaleza lo envuelve todo.

Sin embargo la voz del Amado puede ser tan dulce y sobrecargada de amor que puede herir de muerte el corazón de la esposa, incapaz de hacer suya tanta fuerza amorosa. La expresión más bella y sublime, compuesta solamente de dos palabras y entregada por Dios al hombre, es la de *te amo*. Por llegar a escucharla nadie podría pagar ningún dinero:

> *Si alguno ofreciera por el amor toda su hacienda*
> *sería despreciado.*[29]

La sobreabundancia del amor divino puede superar en mucho la capacidad receptiva de la criatura. No es extraño que en los estadios más subidos de la oración mística las palabras de amor divinas dirigidas al alma —al hombre individual— puedan lacerar el corazón por un ímpetu extremado de gozo, fruto a su vez del Espíritu Santo, hasta parecer próximo a causar la muerte:[30]

> *Si de nuevo me vieres*
> *allá en el valle, donde canta el mirlo,*
> *no digas que me quieres,*
> *no muera yo al oírlo*
> *si acaso tú volvieras a decirlo.*

---

[29] Ca 8:7.

[30] Obsérvese el papel desempeñado por el que hemos llamado *el duende* de la poesía. El uso de consonantes alveolares (l, r, junto con las vocales i y la o), en la siguiente estrofa produce la extraña sensación de estar oyendo un repiqueteo campanillero. El *duende* de la poesía es la razón de su poder evocador.

El caso podría considerarse como *normal* en grados muy elevados de la vida y de la oración místicas, donde el amor no tiene límites y donde *el fuego nunca dice ¡basta!*[31] El fenómeno místico conocido con el nombre de *transverberación de Santa Teresa* pertenece seguramente al género de los grados más avanzados de la vida mística, probablemente encuadrado dentro de esta misma línea.

Conviene advertir que el concepto de *susurro*, por lo que hace al conocimiento de su naturaleza, tiene más consistencia en la Literatura y en la Poesía místicas que en la vida mística propiamente dicha, dada la dificultad de conocerla *desde fuera*.

El susurro es uno de los más intrincados vericuetos que encuentran quienes recorren los desconocidos caminos del amor. Su presencia hace que alguien se sienta envuelto por la niebla del misterio y a presentir que ha alcanzado, e incluso traspasado, las lindes del Gozo y de la Alegría Perfecta. Y cubre el susurro con su magia lo mismo a quien lo pronuncia que a quien lo escucha.

El susurro amoroso posee características que son aplicables a todas las formas del amor. Pero en la oración contemplativa, y dentro de lo que es el diálogo entre Dios y el alma, el susurro posee una misteriosa y delicada peculiaridad. Es el susurro una comunicación amorosa en la que, si bien es verdad que se conjugan a la vez el sonido y el silencio, todo sucede de tal forma que *el sonido trata de sobreponerse al silencio mientras que el silencio trata de ahogar el sonido.* Tan increíble combinación de sonido y silencio no es sino otro sublime esfuerzo del corazón que ama —maravilloso, a la vez que imposible— por expresar de otra forma un amor que nunca se cansaría de cantar a la persona amada. Podemos comprobarlo en los sentimiento de lo inacabado y el deseo de oír más que deja en

---

[31] Pr 30:16.

el alma, por ejemplo, el final de la Égloga Tercera de Garcilaso una vez que acaban de cantar a sus amadas Tirreno y Alcino:

> *Esto cantó Tirreno, y esto Alcino*
> *le respondió; y habiendo ya acabado*
> *el dulce son, siguieron su camino*
> *con paso un poco más apresurado.*
> *Siendo a las ninfas ya el rumor vecino,*
> *juntas se arrojan por el agua a nado;*
> *y de la blanca espuma que movieron,*
> *las cristalinas ondas se cubrieron.*[32]

En la relación amorosa divino–humana, la voz de cada uno de los que se aman, Dios y el alma, seduce y encanta al otro. Lo hemos visto claramente confesado por ambos en *El Cantar de los Cantares*. Y de ahí adquiere impulso la Poesía mística para inspirarse en los cantos poéticos de alabanza, tanto a la voz del Esposo como a la de la esposa, reconocidas aquí como que son un susurro:

> *Es la voz de la amada*
> *como un arrullo dulce de paloma,*
> *como un alba rosada*
> *que mil colores toma*
> *cuando por fin la aurora ya se asoma.*
>
> *Es la voz del Esposo*
> *como la huidiza estela de una nave,*
> *como aire rumoroso,*
> *como susurro suave,*
> *como el vuelo nocturno de algún ave.*

---

[32]Garcilaso de la Vega, *Égloga Tercera*.

CAPÍTULO VI

*La reciprocidad en el amor
en la Mística y la Poesía mística*

Los textos bíblicos que hacen referencia a este tema son bastante expresivos, tanto en el Antiguo como en el Nuevo Testamento: *Mi amado es para mí y yo soy para él,*[33] se dice en *El Cantar*. Y las palabras de Jesucristo a este respecto son bastante claras: *Quien come mi carne y bebe mi sangre vive en mí y yo en él.*[34]

Esta ley tan característica en la relación amorosa, y tan fundamental sobre todo en la divino–humana, aunque expuesta de forma evidente en la Revelación, sus consecuencias y derivaciones no están claramente integradas en la Espiritualidad cristiana. Sin embargo Jesucristo la había formulado de forma que no admitía duda alguna, hasta el punto de que hizo dar la vuelta al sentido de las relaciones amorosas entre Dios y el hombre:

> *Ya no os llamo siervos
> pues el siervo no sabe lo que hace su señor.
> Sino que os llamo amigos,
> porque todo lo que oí de mi Padre
> os lo he dado a conocer.*[35]

Pese a todo, la Doctrina se ha inclinado a entender que la reciprocidad, considerada como elemento integrante de la relación amorosa

---

[33] Ca 2:16.
[34] Jn 6:56.
[35] Jn 15:15.

divino–humana, menoscaba en cierto modo la obligada relación de subordinación existente entre Dios y la criatura.

Lo cual obedece a un concepto miope de la realidad del amor. ¿Por qué razón *descender* por amor el más alto hasta el más bajo supone una pérdida de dignidad para el primero? Para admitirlo habría que recordar primero el significado de la doctrina de Jesucristo en la que decía que *ya no os llamaré siervos, sino amigos*. Y sobre todo explicar por qué el Hijo de Dios se hizo Hombre.

Por otra parte no está nada claro que las derivaciones del *amor* y las propias de la *dignidad inherente a la autoridad* sean incompatibles. La relación amorosa es una relación entre dos personas que se aman *y donde quedan intactas la personalidad y la dignidad de cada una*.

La actitud en cierto modo negativa que suele darse en la Espiritualidad, generalmente renuente a admitir la reciprocidad y la equiparación de nivel en la relación amorosa divino–humana, es la que ha dado lugar a la idea del exceso de *unilateralidad* en esa relación. Según la cual todo queda en gran parte reducido a una relación hacia arriba de *alma–Dios*.

Incluso dentro de las corrientes ideológicas modernistas que infectan actualmente la Iglesia Católica, algunos teólogos progresistas como Chenu, Sartori y Laurentin, exagerando indebidamente las cosas, han llegado a hablar de tendencias *monofisitas* en la Iglesia anterior al Vaticano II. Postura que desenfoca demasiado el problema y que nosotros aquí vamos a ignorar por completo.

Teniendo en cuenta el plano de moderación y de racionalidad, amén de fidelidad a la Iglesia que nos hemos fijado también en este punto, creemos que la mística teresiana es mucho más abierta que la sanjuanista. Sobre todo tal como la expone la Santa en su *Autobiografía*, en la que cuenta sus diálogos con el Señor pero que apenas

La reciprocidad en el amor en la Mística y la Poesía mística 53

han transcendido a la Espiritualidad común cristiana. Tal vez por un malentendido concepto de que ciertos fenómenos místicos son exclusivos de algunos personajes extraordinarios. En cuanto a otras pretendidas *conversaciones* de ciertas videntes con Jesucristo, hoy tan comúnmente admitidas, ya dijimos en su lugar que en este estudio hemos decidido prestar atención solamente a la Mística del Siglo de Oro español, con abstracción de las demás y sin hacerlas objeto de discusión. En la Mística del Siglo de Oro podrán existir puntos discutibles, pero donde queda bien clara su fidelidad a la Fe y al Magisterio de la Iglesia.

La excesiva tendencia a enfatizar la relación *alma–Dios* es la que ha dado lugar a sustituir el concepto *hombre* por el de *alma*, dando así lugar a una situación ajena a la Escritura e infligiendo un grave quebranto a la Espiritualidad cristiana a lo largo de la Historia.

Citemos unos pocos ejemplos clásicos y muy elocuentes. Un opúsculo de San Buenaventura, considerado justamente como de indudable valor, es el *Itinenarium Mentis in Deum*. San Juan de la Cruz, por su parte, comienza su famoso Tratado de la *Subida al Monte Carmelo* diciendo que *trata de cómo podrá un alma disponerse para llegar en breve a la divina unión*. En cuanto a Santa Teresa de Jesús, cuya recia espiritualidad nadie pone en duda, decía al comienzo de *Las moradas* que se trata de *considerar nuestra alma como un castillo todo de un diamante o muy claro cristal adonde hay muchos aposentos, así como en el cielo hay muchas moradas. Que si bien lo consideramos, hermanas, no es otra cosa el alma del justo sino un paraíso adonde dice Él tiene sus deleites.*[36] Y así sucesivamente en toda la Espiritualidad cristiana.

---

[36]Moradas Primeras, Capítulo Primero, al principio.

Todo lo cual nada resta a la grandiosidad y ortodoxia de la enseñanza de Santos tan eminentes y reconocidos justamente como Doctores de la Iglesia.

De todas formas, el olvido al que las Escuelas de Espiritualidad han sumido a la idea del *cuerpo*, como elemento que forma parte sustancial del concepto *hombre*, acaba convirtiéndose en detrimento de las doctrinas acerca de la Humanidad de Jesucristo y, en último término, también de su Persona Divina.

La Mística clásica, al poner el acento en las relaciones del *alma* con Dios, parece olvidar que en realidad es *todo el hombre* el que se relaciona con Dios. Con respecto a la oración contemplativa, ésta se hace imposible sin considerar en un primer momento —aunque sea un momento lógico y no temporal— la Humanidad de Jesucristo, y precisamente a través de ella su Divinidad. Todo ello en un acto único de amor elaborado por la criatura en su alma a la vez que con su cuerpo.

La Mística clásica, al relegar a un segundo término la doctrina de la *reciprocidad* en la relación amorosa divino–humana (que no significa disminuir ni desconocer la dignidad de la personalidad de cada uno), ha puesto al margen dos elementos importantes: Que Dios se hizo Hombre en Jesucristo y que los textos escriturísticos admiten las teorías de la reciprocidad y de la equiparación, como hemos visto más arriba.

Una doctrina que está fuera de toda duda asegura que no es posible llegar hasta el Padre sin Jesucristo —lo que incluye su Humanidad tanto como su Divinidad— según sus propias palabras: *Nadie viene al Padre si no es por mí.*[37] O como dice en otro lugar: *Sin mí no podéis hacer nada.*[38] Y por su parte el Apóstol San Juan:

---

[37] Jn 14:6.
[38] Jn 15:5.

Quien posee al Hijo tiene la vida. Quien no posee al Hijo de Dios, no tiene la vida.[39] Y todavía insiste en otro lugar: *Todo el que niega al Hijo, tampoco tiene al Padre.*[40]

Las doctrinas de la *reciprocidad* y de la *equiparación de nivel* de los que se aman, dentro de la relación amorosa, no pretenden desconocer o infravalorar la dignidad de la personalidad de cualquiera de los que la integran. Lo que menos desearía cualquiera de ellos sería dejar de ser *él mismo*, o bien que el otro dejara de ser *el otro*. Cada uno de ellos ama al otro por ser *quien es* y por ser precisamente *como es*.

Las Espiritualidades cuya visión del amor resulta un tanto miope parecen ignorar el hecho fundamental de que, dentro de la estructura de la relación amorosa, son esenciales la contemplación y la consideración de la *persona* amada. Y la persona goza de unos caracteres individuales intransferibles y únicos, *por los cuales precisamente es amada*. Conviene recordar que nadie se enamora de una naturaleza, sino de una persona.

Por lo demás, si se tiene en cuenta que todo amor creado es una participación del Amor Increado, y aun si se quiere, un analogado con respecto a Él, no debe olvidarse que el Amor Trinitario es eminentemente *Personal*. La corriente infinita de Amor del Padre, surgida de la contemplación de su propia Persona, *engendra* la Persona del Hijo. Y el torrente infinito de Amor de la Persona del Hijo va dirigido a su vez a la Persona del Padre. Y de la confluencia de ambos torrentes de Amor *procede* otra Tercera Persona que en este caso es el Espíritu Santo. Distintos los tres como Personas (de otra forma no habría Amor), pero iguales e identificados en la Única Esencia del Único Ser Infinito que es el Amor Infinito.

---

[39] 1 Jn 5:12.
[40] 1 Jn 2:23.

De donde se deduce que *es imposible desvincular el amor de la persona*. Y de donde se desprende también la dificultad de *no considerar personas las almas de los bienaventurados*. Sería necesario admitir que todo ser humano deja de ser persona desde el momento de su muerte hasta el de la Resurrección Final. Sin embargo Santo Tomás de Aquino no llegó a explicar cómo el alma, siendo un mero *ente subsistente*, es capaz de amar.

Según la teoría clásica el hombre deja de serlo al separarse el alma del cuerpo en el momento de la muerte, siendo ambos elementos —cuerpo y alma— constitutivos esenciales del ser humano.

Sin embargo, el constitutivo de la persona no precisa *necesariamente* de ambos elementos. La Persona Divina de Jesucristo estuvo presente en su Humanidad, tanto en su Cuerpo muerto como en su Alma separada durante los tres días que precedieron a su Resurrección. De donde, al menos en este caso, la persona no ha necesitado para ser realidad existente la conjunción simultánea de los dos elementos alma y cuerpo.

Las almas de los bienaventurados permanecen a la espera de recibir sus cuerpos en el momento de la *Parusía* y de la Resurrección de los Muertos.

Pero no se ven razones suficientes para suponer que tal situación de espera anule su condición de personas, con las consecuencias que se derivarían para la posibilidad de contemplar y amar a Dios. La explicación de Santo Tomás con respecto a las almas de los bienaventurados en situación de espera, pero que poseen la condición de *seres subsistentes* con la capacidad de ver y amar a Dios, no parece muy convincente.

Los bienaventurados se encuentran en situación de espera de la *Parusía* y de la Resurrección de los Cuerpos. Pero la *Parusía* no puede consistir, como algunos han pretendido, en un aumento *acci-*

dental o *circunstancial* de la felicidad de los justos, sino en algo más importante y definitivo. Dice San Pablo, hablando de la *Parusía*, que *después llegará el fin, cuando entregue el Reino a Dios Padre, cuando haya aniquilado todo principado, toda potestad y poder*,[41] y cuando Cristo sea *todo en todos* (Col 3:11). Es evidente que la Revelación no contempla la Parusía con respecto a los bienaventurados como un acontecimiento *ocasional*.

Pero la espera de la *Parusía* y de la recepción de sus cuerpos no impide la *felicidad completa* de los justos desde el momento de su muerte. Según la Constitución Apostólica *Benedictus Deus*, promulgada por el Papa Benedicto XII con carácter de infalibilidad, quienes profesando la fe en Cristo mueren en estado de gracia sin tener nada que purgar (vía Purgatorio), ven y gozan de Dios *con visión inmediata* después de su fallecimiento. He ahí, por lo tanto, una situación de espera que no influye en la visión beatífica.

¿Por qué la espera de la Parusía y de la recepción del cuerpo, que no son obstáculo para ver y amar a Dios, anularían sin embargo la condición de persona?

El amor siempre se dirige a una persona. Existe el amor al *prójimo* y el amor a *los otros*, según lo exigido por el precepto de *amaos los unos a los otros*. Pero los seres humanos son amados como personas individuales, por más que se encuentren integrados en grupos determinados o formando parte de la Humanidad en general. Los hombres, incluso cuando forman colectividades, no son amados bajo la consideración de ovejas formando parte de un rebaño cuyo único distintivo es el número, sino como personas. Y como tales personas, cada una es un ser individual y único dotado de un destino inmortal y eterno.

---

[41] 1 Cor 15:24.

Es imposible fundamentar una verdadera Espiritualidad Cristiana que no parta de la base de una relación de bilateralidad que abarque tanto a Jesucristo como al hombre. La reciprocidad aparece en todos los momentos de la relación de amor divino–humana, y ya hemos visto cómo el Esposo le decía a la Esposa que deseaba ardientemente oír su voz:

> *Es la voz de mi amada*
> *como un arrullo dulce de paloma,*
> *como un alba rosada*
> *que mil colores toma*
> *cuando el sol por los montes ya se asoma.*

Y cómo la esposa responde en el mismo tono:

> *Es la voz del Esposo*
> *como la huidiza estela de una nave,*
> *como aire rumoroso,*
> *como susurro suave,*
> *como el vuelo nocturno de algún ave.*

O la voz del Esposo a la esposa en la Poesía mística común, con la promesa de una absoluta reciprocidad, donde parece imposible encontrar una mayor demostración de amor y de entrega a la persona amada:

> *Yo tu vida viviera*
> *si tú me la entregaras por entero,*
> *y la mía te diera*
> *si, en trueque verdadero,*
> *quisieras cambiarlas, cual yo quiero.*

Tal intercambio de vidas, en el que cada uno *asume* (hace suya) la vida del otro, está bellamente expresado en una estrofa sanjuanista de la *Noche Oscura*. Que viene a ser un eco de la doctrina paulina de su transformación en Cristo, de la cual habla el Apóstol pero anotando también la conservación de su propia identidad: *Vivo yo aunque ya no soy yo, pues vive en mí Cristo.*[42] De todos modos la estrofa de San Juan de la Cruz no hace alusión a la permanencia de la propia identidad ni de un modo claro a la reciprocidad:

> *¡Oh Noche que guiaste!,*
> *¡oh Noche amable más que el alborada!,*
> *¡oh Noche que juntaste*
> *Amado con amada*
> *amada en el Amado transformada!*[43]

Como no podía ser de otra forma, *El Cantar* contiene intercambios de requiebros en reciprocidad entre el Esposo y la esposa. Tal reciprocidad de requiebros, que no falta nunca en el amor ya sea meramente humano o ya sea divino–humano, es un elemento normal en la relación amorosa. Así, por ejemplo, lo vemos en la voz del Esposo:

> *¡Qué hermosa eres, amada mía,*
> *qué hermosa eres! Tus ojos son palomas.*[44]

A requiebro tan delicado y sublime responde la esposa, como no podía ser menos, con otro no menos bello en el que viene a expresar su emoción por sentirse amada por el Esposo:

---

[42] Ga 2:20.

[43] San Juan de la Cruz, *Noche Oscura*. Dámaso Alonso hizo notar la belleza de los dos últimos versos, con el juego de las vocales fuertes *a* y *o*.

[44] Ca 1:15.

> *¡Qué hermoso eres, amado mío, qué agraciado!*
> *Nuestro pabellón verdeguea ya.*[45]

Como fácilmente puede verse, el mutuo requiebro no es más que una forma especialmente sutil del diálogo amoroso. La Revelación lo expone claramente, y de ahí parece lógico deducir que no puede faltar en la oración contemplativa. La severa prosa sanjuanista es partidaria de rechazar la voz del Esposo en el diálogo divino–humano a fin de evitar engaños del demonio. Su actitud, que no está precisamente muy en consonancia con su poesía, es distinta sin embargo de la de Santa Teresa, aparentemente más humana y accesible.[46]

El ejemplo más patente, especialmente llamativo, de la reciprocidad en el amor está contenido en Ca 2:4 a través de la voz de la esposa:

> *Me ha llevado a la sala del festín*
> *y la bandera que ha alzado contra mí*
> *es bandera de amor.*

La posibilidad de una justa o torneo de amor entre Dios y su criatura es lo último que podía haber imaginado la mente humana. Habida cuenta, como ya hemos advertido en otras ocasiones, que en la Revelación —y menos aún en las cosas del amor divino— no tiene cabida la farsa, habrá que admitir que tal combate se ajustará a las normas y condiciones de un combate real. El tema, verdaderamente apasionante y expresivo de la ley de la reciprocidad en la relación

---

[45] Ca 1:16.

[46] Fue von Balthasar quien ya apreció ciertas discrepancias entre la mística sanjuanista y la teresiana.

amorosa divino humana, fue extensamente estudiado por mí en mi libro *El Misterio de la Oración*.[47]

Rechazar el diálogo divino–humano sería cortar las alas a la oración contemplativa. En cambio habrá de ponerse especial cuidado en que todo transcurra dentro del ámbito de la fe y la práctica y el ejercicio de las virtudes cristianas, especialmente de la humildad. Pues no se equivocaba San Juan de la Cruz en advertir del peligro de posibles argucias del demonio. Punto en el que es importante el papel del director espiritual, quien habrá de apreciar cualidades tan importantes como la fidelidad al Magisterio de la Iglesia, la ausencia de *innovaciones* frente a los datos revelados, la sincera humildad y la obediencia. Las cuales son algunas de las condiciones que habrán de tenerse en cuenta para distinguir la verdadera de la falsa Mística.

---

[47] *El Misterio de la Oración*, New Jersey, Shoreless Lake Press, 2014, pag. 157 y ss.

CAPÍTULO VII

*La mirada amorosa
en la Mística y en la Poesía mística*

Hemos dicho alguna vez que la mirada es una de las formas más expresivas del lenguaje del amor. Cuando en el Libro de *El Cantar* la esposa hace alusión a los ojos del Esposo utiliza algunas de las más bellas metáforas contenidas en el Libro:

> *Sus ojos son palomas
> posadas al borde de las aguas,
> que se han bañado en leche
> y descansan a la orilla del arroyo.*[48]

Y el Esposo es aún más expresivo cuando se dirige a la esposa, utilizando expresiones de tono tan fuerte e impresionante como al mismo tiempo hermoso:

> *Eres, amada mía, hermosa como Tirsa,
> bella como Jerusalén,
> terrible como escuadrón ordenado en batalla.
> Aparta ya de mí tus ojos,
> que me matan de amor.*[49]

---

[48] Ca 5:12.
[49] Ca 6: 4–5.

Aquí aparece el mismo problema ya apuntado más arriba acerca de la visión del Esposo por parte de la esposa en el ámbito de la vida mística. Un problema que prácticamente no preocupa ni a la Mística como tal ni a la Poesía, que lo dan por resuelto de antemano.

De todos modos, cualquier significado que se atribuya a las diversas clases de visiones de Jesucristo a las que se refiere Santa Teresa dentro de la oración contemplativa, habrá de tener en cuenta que la percepción de Jesucristo en los grados más elevados de la oración mística no puede tener lugar sino dentro del *ámbito de la fe*, y no del *cara a cara* del que habla el Apóstol (1 Cor 13:12) y que es solamente propio de la Vida Eterna.

Pero tampoco ha de olvidarse que las simbologías o figuras literarias poéticas del lenguaje utilizadas a este respecto por la Escritura y recogidas por la Poesía mística, no limitan su campo de influencia al ámbito de la Literatura, ya sea mística o poética, sino que poseen un fundamento *real* como lo tiene toda metáfora, si es que se les quiere atribuir algún sentido. Cual sea ese fundamento y hasta dónde llega, he ahí la profundidad del misterio. De otra forma habría que atribuir al lenguaje de la Escritura un valor puramente literario o nominalista, completamente ajeno a los designios del Dios Revelante.

Pero en las diferentes formas de visión de la oración contemplativa, sea cual fuere su significado, el alma no percibe a Jesucristo como quien mira a alguien a ciegas, sin ver por lo tanto nada o como quien trata de comunicar con alguien que está detrás de un muro. Tal percepción, del grado y del modo que se considere, se realiza por supuesto siempre a través de la fe, pero sin que experimente la criatura la sensación de estar hablando con un ser invisible o carente de rostro. La percepción será más o menos perfecta, teniendo en cuenta las diversas especies de visión de las que habla Santa Teresa, pero de todas formas el alma mística *percibe* que está contemplando a su Señor y se sabe contemplada por Él. Cómo sea esto y la forma en que pueda llevarse a cabo es algo que queda dentro del ámbito del misterio de la vida mística.

Siendo la mirada amorosa uno de los principales medios de expresión del amor, a menudo incluso más eficaz que la voz, no puede faltar nunca en la verdadera relación de amor. También a veces puede ser tan intensa y desbordante como para inducir a muerte de amor:

> *Es tierno tu mirar, luz de la aurora,*
> *que al mismo sol seduce y enamora.*
> *Tu llanto es un rocío matutino*
> *que induce a la embriaguez de un dulce vino.*
> *Y al descansar tus ojos en los míos*
> *mis lágrimas semejan anchos ríos,*
> *pues tu dulce mirar, tan hondo hiere,*
> *que aquél en quien se posa de amor muere.*

A la *mirada amorosa* le otorga la Poesía mística una extraordinaria importancia que suele pasar desapercibida, por razones de diversa índole. Lo que no deja de ser un indicio de la relevancia de ese gesto expresivo en el amor y en la Mística en general.

Desde que el *sexo* ha sustituido a la realidad del *amor*, la mirada amorosa ha perdido todo su sentido. Y en efecto, porque en el sexo la mirada se dirige al otro como una simple cosa de pertenencia, como un mero instrumento de proporcionar placer que se usa como tal. En el verdadero amor, en cambio, la mirada se dirige a la persona amada como alguien al cual o a la cual se pertenece. En el caso del sexo la mirada tiene un carácter intencional de *eres cosa mía y te uso porque me perteneces*, mientras que en el verdadero amor la mirada es como un vector direccional, cargado con la recta intención de *te pertenezco y soy tuyo*.

Siendo así las cosas, sólo en este segundo caso puede establecerse la relación amorosa, puesto que la persona amada, y según la ley de la reciprocidad, responde en el mismo sentido que quien la ama. En el sexo, por el contrario, la persona utilizada como *cosa* o como mero instrumento carece de la individualidad, del carácter y de la libertad necesarios para responder en un sentido amoroso: todo lo más reaccionará mirando igualmente al otro como otra cosa, de la cual aprovecharse también en lo posible si acaso es posible.

Cuando tal cosa sucede, es señal inequívoca de que el ser humano, tanto si lo reconoce como si no, ha descendido al nivel de los animales.

La Poesía sanjuanista, por ejemplo, suele leerse bajo la consideración de su belleza y su valor poético meramente. San Juan de la Cruz proporciona unas explicaciones de su propia poesía en una prosa demasiado árida y pedagógica, exclusivamente apta para un público especializado y deseoso de enseñanzas.

Con lo cual el Santo, sin pretenderlo, aun dejando aparte el indudable valor de sus consideraciones místicas y espirituales, destruye el *duende* de su propia poesía. Pero la Poesía, como hemos dicho en otros lugares, goza del misterioso poder de la *evocación*, según la cual es capaz de inducir misteriosos y elevados sentimientos, siempre inefables y siempre diversos según el lector y según la ocasión. Sentimientos que la simple prosa es incapaz de producir y ni siquiera de una manera unívoca. A un lector inducirá unos sentimientos y otros distintos a otro, siendo todos legítimos y verdaderos cuando se trata de verdadera Poesía. E incluso a un mismo lector le hará experimentar sentimientos diferentes en distintas ocasiones. Algo así, aunque parezca atrevido decirlo, como si la buena Poesía adquiriera vida propia y se tornara independiente con respecto a su autor.

Personalmente siempre he pensado, ignoro si equivocadamente o no, que San Juan de la Cruz dice mucho más en su Poesía que en la prosa con la que trata de explicarla y con la cual *difumina*, de alguna manera, el encanto de su propia Poesía.

De ser cierto todo esto, la Poesía del Santo sería capaz de evocar ideas y sentimientos —en este tema pero también en otros— que quizá a él mismo le habrían pasado desapercibidos. Lo cual no tendría nada de extraño, puesto que, según ya hemos dicho, el *duende* y el poder evocador de la Poesía incluso escapan a su propio autor.

El alma verdaderamente enamorada no *ve* ni contempla otra cosa que a la persona amada. En el amor divino–humano en sus más altos grados, esta cualidad por parte de la criatura alcanza alturas insospechadas:

> *En la Noche dichosa*
> *en secreto, que nadie me veía,*
> *ni yo miraba cosa,*
> *sin otra luz y guía,*
> *sino la que en el corazón ardía.*
>
> *Aquesta me guiaba*
> *más cierto que la luz del mediodía,*
> *a donde me esperaba,*
> *quien yo bien me sabía,*
> *en parte donde nadie parecía.*[50]

En Teología Mística esta determinación del *campo de visión* es la que dictamina el grado de amor. Cuanto más estrecho y más

---

[50] San Juan de la Cruz, *Noche Oscura*.

concentrado está en la figura del Esposo, y más ajeno a otras cosas de su entorno —*ni yo miraba cosa* dice el Santo—, más intenso es el amor. En Ascética se denomina a este paso la *presencia de Dios*, la cual se cualifica como más intensa a medida que el amor a Jesucristo prescinde y se olvida de las demás cosas. Jesucristo lo explicaba diciendo que *donde está tu tesoro allí está tu corazón*,[51] lo que se podría expresar también al revés sin desvirtuar su sentido: *donde está tu corazón, allí está tu tesoro*.

El verdadero amor —esa realidad que el Mundo moderno se ha empeñado en desconocer— llena todos los instantes de una vida para darle sentido y Alegría. El corazón humano no admite el vacío: o la Perfecta Alegría de San Francisco o un Completo Aburrimiento mundano que al cabo conduce a la desesperación. A este respecto, *El Cantar de los Cantares* pone en boca de la esposa unas palabras que hoy serían difíciles de entender:

Yo duermo, pero mi corazón vigila.
Es la voz del amado que me llama.[52]

De noche y de día, a la mañana y al atardecer, en el trabajo y en el descanso, en la vigilia y durante el sueño. Ningún momento del día posee justificación alguna para dejar de amar. Siendo el tiempo uno de los grandes tesoros otorgados por Dios al hombre, se le podrá dar cualquier empleo..., siempre que vaya encaminado por y para el amor. Aún no hemos llegado a comprender a fondo qué quiso decir San Pablo a los Efesios cuando les recomendó que actuaran

---

[51] Mt 6:21.
[52] Ca 5:2.

redimentes tempus[53] (redimiendo el tiempo, aprovechando el tiempo, santificando el tiempo; en una traducción difícil).[54]

El Evangelio hace una entrañable alusión a la *mirada amorosa* en referencia personal esta vez al mismo Jesucristo. Dice San Marcos que habiéndose acercado un joven para preguntar a Jesucristo acerca de la vida eterna, Éste le miró —*intuitus eum*, fijó en él su mirada— y le amó.[55]

De ahí que el alma enamorada no quiera mirar ni considerar otra cosa que no sea el mismo Jesús:

> *Apaga mis enojos,*
> *pues que ninguno basta a deshacellos,*
> *y véante mis ojos,*
> *pues eres lumbre de ellos,*
> *y sólo para Ti quiero tenellos.*[56]

Es interesante comprobar que el tema de la *muerte de amor* causada por la voz del Esposo, un tema del que ya hablamos, se repite igualmente ante la contemplación de su figura:

> *Descubre tu presencia,*
> *y máteme tu vista y hermosura;*
> *mira que la dolencia*
> *de amor, que no se cura*
> *sino con la presencia y la figura.*[57]

---

[53] Ef 5:16.

[54] El verbo griego viene a significar *aprovechar lo mejor del tiempo*.

[55] Mc 10:21. El mismo verbo y la misma acción se utilizan para narrar el primer encuentro de Pedro con Jesús, cuando Éste le cambió el nombre (Jn 1:42).

[56] San Juan de la Cruz, *Cántico Espiritual*.

[57] San Juan de la Cruz, *Cántico Espiritual*.

Se trata de una *vista* que mata y al mismo tiempo cura. De nuevo la antítesis o la paradoja, como figuras retóricas que contribuyen a mantener el misterio evocador y casi milagroso propio y exclusivo de la Poesía.

Según el Santo, la *dolencia de amor* no se cura sino con la presencia del Esposo. Una dolencia, por lo tanto, que había sido ocasionada por una ausencia del Amado que incluso puede llegar hasta matar por la herida que produce. Una vez que la criatura se ha identificado con Jesucristo hasta convertirlo en su propia vida (Jn 6:57; Ga 2:20), *ya no puede vivir sin Él* ni tolerar su ausencia.

Ahora bien, y por antítesis, cuando Él se hace presente al alma, que es cuando la criatura lo percibe como alguien que está allí, junto a ella y con ella, como alguien que le habla, la ama y la trata como quien está enamorado, es entonces cuando *su vista y su hermosura también matan*. Y si la criatura no muere de amor en ese momento es porque Él mismo la sostiene.

Pero obsérvese que el poeta no se molesta en explicar la antítesis ni las aparentes contradicciones, dado que ni podría ni sabría hacerlo. La solución queda envuelta en los misterios propios del amor y las peculiaridades propias de la Poesía, que tampoco considera misión suya explicarlas. Lo propio de la Poesía es evocar y hacer vibrar el corazón señalando el camino que conduce al País de los sueños inefables, pero no el hacer de guía a su través ni el de disiparlos para hacer volver a la realidad.

Pero lo entreverado del misterio no significa que encierre alguna contradicción. Lo que en nuestra mente quizá aparezca como *contradictorio* puede que no sea sino lo *inexplicable*.

Sucede que la *visión* es el paso necesario y previo para la *posesión*. De ahí que por más que se ponga el acento en la *visión beatífica* o en la *contemplación saciativa de la verdad*, siempre se acaba desembocando en la unión y en la posesión de Dios. Para San Pablo la fe cesará cuando lleguemos en la Patria a la contemplación *cara a cara* (1 Cor 13:12). La cual a su vez tendrá su consumación en el amor, en cuanto que *la caridad no cesa jamás* (1 Cor 13:8). El final del camino del discípulo de Jesucristo culmina en estar con Él, según sus propias palabras: *Cuando me haya marchado y os haya preparado un lugar, de nuevo vendré y os llevaré junto a mí, para que donde yo esté estéis también vosotros.*[58]

A la Espiritualidad en general, y a la Doctrina mística en particular, les suele pasar desapercibida la importancia de la *mirada amorosa* en la vida de amor y unión con Dios. Mientras que en otras ocasiones se le atribuye un papel desproporcionado, como sucede con el hecho de conocer los grados más elevados de la vida de oración bajo la denominación general de *oración contemplativa*. Cuando efectivamente es oración contemplativa, pero solamente cuando es un paso a la *vía unitiva* o de posesión.

Como es lógico suponer, la Poesía mística común ha tratado este tema. El cual, por otra parte, se presta adecuadamente para expresar la ternura y el hondo misterio de la relación amorosa divino–humana. De ahí la confesión de un alma enamorada:

> *Sus ojos me miraron*
> *antes que el nuevo día amaneciera,*
> *y herido me dejaron*
> *de amor, en tal manera,*
> *que sin verlos de nuevo yo muriera.*

Una vez percibido el rostro del Amado, siempre dentro del ámbito de la fe, ya no se puede vivir sin percibirlo de nuevo. Contra

---

[58] Jn 14:3.

lo que pueda pensar quien no haya sabido amar, la metáfora poética amorosa, lejos de constituir una exageración o hipérbole, es un intento desesperado por expresar lo inexpresable.

En *El Cantar* el Esposo confiesa que la esposa prendió su corazón con una de sus miradas:

> *Prendiste mi corazón, hermana, esposa,*
> *prendiste mi corazón en una de tus miradas,*
> *en una de las perlas de tu collar.*[59]

Pero *prender* quiere decir que se apoderó de Él. Y el hecho de que el Esposo reconozca que ha sido presa de la esposa, que es su propia criatura, es algo que entra cumplidamente dentro de los misterios del amor, además de confirmar de forma exhaustiva la verdad de la doctrina de la reciprocidad en el amor.

Si algo puede saberse, siquiera sea en forma aproximada, acerca del misterio de la mirada amorosa, es quizá que encierra en sí misma un mensaje de amor.

La Poesía mística común intenta hacer aquí una paráfrasis de *El Cantar*. De nuevo el Esposo habla del sentimiento que le ha producido la belleza de la mirada de la esposa:

> *Me pediste te hablara de las cosas*
> *las cuatro para mí las más hermosas.*
> *Pues bien, hélas aquí, mi bien amada,*
> *en escala ascendente elaborada:*
>
> *El silencio del bosque en el estío,*
> *el suave borbotar del manso río,*
> *las matinales gotas del rocío...*
>
> *¿La más bella de todas, mi adorada...?*
> *Tu mirada, de amores traspasada.*

---

[59] Ca 4:9.

La mirada es una forma silenciosa e inefable de decir *te amo*, y también *me entrego a ti en posesión*, donde el silencio *refuerza* el sentido de las expresiones. Lo cual confirma que, al menos en esta ocasión, el silencio dice mucho más y es más expresivo que las palabras.

En cuanto al cómo de la mirada amorosa dentro de la vida mística o de la oración contemplativa, nada podríamos saber aparte de lo que los mismos místicos dijeran. Lo que es algo que no suelen hacer, probablemente porque escapa a sus posibilidades. Los misterios más profundos del verdadero amor son inefables o inexpresables, ya sea por medio de palabras o con cualquiera otra forma de comunicación. Dificultad que aumenta hasta lo indecible en la relación amorosa divino–humana.

Comparar los gozos inefables del verdadero amor con los placeres de la carne, los cuales son comunes a los que experimentan los animales, no tendría aquí sentido alguno. Ambos se sitúan en planos distintos y en órdenes de realidades diferentes que no se comunican y nada tienen que ver la una con la otra: *El que siembra en su carne, de la carne cosechará corrupción; y el que siembra en el Espíritu, del Espíritu cosechará la vida eterna.*[60]

---

[60] Ga 6:8.

CAPÍTULO VIII

*De la paz y la tranquilidad
en el itinerario
de la vida contemplativa*

El Cantar de los Cantares es un Poema inspirado que habla de las relaciones de amor de Dios con el hombre. Debido a la naturaleza del Amor, ya se trate del Amor Increado o del amor participado, en el Libro se dan cita todos los recursos del lenguaje poético para tratar de penetrar en las secretas profundidades de la más sublime de las realidades existentes en el Universo.

De ahí que cada versículo del Poema sea un abismo abierto a capas más profundas en el misterio, sin que hasta ahora, a pesar de haber transcurrido tan gran número de siglos, hayan surgido comentarios que satisfagan plenamente la curiosidad de los hombres. Los que han ido apareciendo a lo largo de la Historia sólo han servido para poner de manifiesto la buena voluntad de sus autores y la dificultad del problema.

Los Comentarios al *Cantar* de San Bernardo, por ejemplo, son un bosque de entrelazadas metáforas y alegorías, de gran belleza literaria pero de una interpretación demasiado subjetiva. Y aun dando por supuesto que toda interpretación no puede ser sino personal, pero debe poseer al menos un cierto fundamento de contacto con la realidad. Entre el significante y lo significado debe percibirse al menos una ligera línea lógica que conduzca a algo real y desemboque en algo práctico. Quiero decir con esto que el comentario debe causar en el lector la impresión de que la interpretación, por muy subjetiva que sea, no queda reducida a mera especulación literaria.

Los *Comentarios al Cantar* de Fray Luis de León son una fiel y literal traducción del texto original hebreo. El trabajo es de gran valor, y su autor lo llevó a cabo teniendo siempre a la vista las otras versiones existentes. Sin embargo, debido a la preocupación de Fray Luis por ceñirse estrictamente al texto hebreo, contiene pocas consideraciones suyas acerca del sentido místico y espiritual del Libro sagrado. Con todo, las escasas existentes son excelentes, siendo de notar que Fray Luis no vaciló en separarse alguna vez del texto de la *Vulgata* y sufrir, como resultado, un serio disgusto con La Inquisición debido también a la prohibición existente de traducir la Sagrada Escritura a las lenguas vernáculas. El hecho es que Fray Luis de León se adelantó a su tiempo y llevó a cabo un atrevido servicio a la Iglesia.

Teniendo en cuenta todo lo que se refiere al misterio del Amor (con mayúscula o con minúscula), además de los complicados laberintos y juegos del lenguaje emprendidos por la Poesía para tratar de explicarlo, no hay sino concluir que *El Cantar de los Cantares* es un Libro profundo y difícil.

En uno de los pasajes más difíciles del Libro sagrado el Esposo se dirige a las que llama *hijas de Jerusalén* para que no despierten ni inquieten a la esposa:

> *Os conjuro, hijas de Jerusalén,*
> *por las gacelas y las cabras monteses,*
> *que no despertéis ni inquietéis a mi amada*
> *hasta que a ella le plazca.*[61]

Esta amonestación dirigida a las criaturas se repite en otro lugar del Libro. Por lo que todo parece indicar que el Esposo tiene interés

---

[61]Ca 3:5.

en que nada perturbe el estado de felicidad y tranquilidad de la esposa.

Por lo que son apartados todos los obstáculos que pudieran impedir esa situación. Como resultado, la esposa se siente reconfortada con la seguridad de que el Esposo ha eliminado todos los impedimentos. Así lo proclama con el uso de atrevidas metáforas que muestran el extraordinario grado de intimidad al que ha llegado en su trato con el Esposo:

> *Mientras reposa el rey en su lecho*
> *exhala mi nardo su aroma.*
> *Es mi amado para mí bolsita de mirra*
> *que descansa entre mis pechos.*
> *Es mi amado para mí racimito de alheña*
> *de las viñas de Engadí.*[62]

El texto ha sido el origen de algunas de las estrofas más bellas y logradas de San Juan de la Cruz en su *Cántico Espiritual*:

> *A las aves ligeras,*
> *leones, ciervos, gamos saltadores,*
> *montes, valles, riberas,*
> *aguas, aires, ardores*
> *y miedos de las noches veladores:*
>
> *Por las amenas liras,*
> *y cantos de sirenas os conjuro,*
> *que cesen vuestras iras,*
> *y no toquéis al muro*
> *porque la esposa duerma más seguro.*

---

[62]Ca 1: 12–14.

Aquí cabe plantear una pregunta acerca de un tema que no parece haber suscitado mucho interés en la Doctrina, pero que no deja de ser intrigante: ¿A qué se debe la preocupación del Esposo para que nada perturbe el estado de felicidad que goza la esposa? ¿Como si deseara que esa situación se prolongara indefinidamente, sin sufrir alteraciones?

En la posible explicación de los misterios —hasta donde los misterios pueden ser explicados— es necesario tener en cuenta una serie de realidades que deben ser encajadas como las piezas de un puzle. Y la primera de ellas consiste en que la esposa es todavía miembro de la Iglesia peregrina que camina por un Valle de Lágrimas. Pese a lo cual el Esposo impone a las criaturas el mandato de no inquietarla ni molestarla.

Efectivamente, porque mientras dura su condición de peregrino el hombre se ve sujeto a diferentes avatares: penas y alegrías, sufrimientos y gozos, éxitos y fracasos, momentos de triunfo y trances de dolor. No debe olvidarse que el dolor en esta vida es una consecuencia del pecado, del cual el hombre ha sido redimido pero que de todos modos sus consecuencias están presentes de múltiples maneras.

He ahí una de las piezas del conjunto que se relaciona con la necesidad de compartir la Pasión y la Muerte de Jesucristo, que es un tema del que se hablará después.

De otro lado, y aunque parezca contradictorio, no debe olvidarse que la condición normal del hombre como criatura de Dios es la de felicidad, para la cual ha sido creado, y no la de dolor.

De ahí que, incluso para el estado de peregrinación terrestre, Jesucristo prometió a los suyos la entrega de su propia Alegría, con la promesa de que no les sería arrebatada por nadie. Que por algo decía Chesterton que *la alegría es el gigantesco secreto del cristiano*. Pues en definitiva la Alegría, o el gozo, que es uno de los principales frutos del Espíritu Santo, poseído por ahora ya en primicias (Ro 8:23), acompaña siempre al amor. Y así como no hay amor sin alegría, la Perfecta Alegría —aquélla de la que hablaba San Francisco de Asís— no puede darse sin el amor. Lo que demuestra que el hombre ha sido hecho para la Alegría puesto que ha sido creado para el amor. Que por eso decía también el Apóstol que *el Reino de Dios no es comida ni bebida, sino justicia y paz y gozo en el Espíritu Santo*.[63]

La existencia espiritual del cristiano, y con mayor razón la vida mística, están vinculadas a esta necesaria sucesión de eventos de alegría y de dolor. Los místicos por su parte, lejos de eludir el problema, le han dado toda la importancia que merece, y de ahí sus largos y profundos tratados en los que explican y desmenuzan todos los fenómenos —gozos y sufrimientos— propios de una vida avanzada en el amor de Dios.

Efectivamente en la vida contemplativa se alternan los momentos de gozo y posesión del Esposo con las llamadas *Noches* del sentido y del espíritu. Las cuales llevan consigo el dolor por la ausencia del Esposo y las interminables y duras tareas de purificación del alma, todo ello compartiendo al mismo tiempo la Muerte de Jesucristo.

Existen momentos en la vida mística en los que la criatura vive en el gozo de la posesión del Esposo, dentro de una situación idílica en una Arcadia feliz donde no parece que pueda ser perturbada. Las pruebas y dificultades pasadas, y hasta el recuerdo de los pecados cometidos, pertenecen a la especie de cosas olvidadas que han desaparecido para siempre. Ahora es cuando la esposa, sin nada que la despierte ni la pueda inquietar, puede dormir feliz en brazos del Esposo, tal como lo proclaman los versos de *El Cantar*:

---

[63]Ro 14:17.

> *Confortadme con pasas,*
> *recreadme con manzanas,*
> *que desfallezco de amor.*
> *Reposa su izquierda bajo mi cabeza*
> *y con su diestra me abraza amoroso.*[64]

La Poesía mística común intentará parafrasear los versos de *El Cantar*. Para lo cual añadirá, por parte de la esposa, el gozo de saber que sus pecados han sido perdonados e incluso olvidados. Pues el sentimiento de la ofensa perdonada aumenta más el amor.

Tal incremento de amor en la relación amorosa divino–humana no tendría sentido en el Esposo, pues no existe por su parte ofensa alguna que haya de ser perdonada. Además resultaría difícil hablar de incrementos en el amor de Jesucristo, y más aún si se tienen en cuenta tanto su voluntad divina como su voluntad humana, en un amor que se extiende hasta el fin: *Sabiendo Jesús que había llegado la hora de pasar de este mundo al Padre, habiendo amado a los suyos que estaban en el mundo los amó hasta el fin.*[65] ¿Se refiere tal amor hasta el fin de su tiempo de permanencia entre nosotros, o más bien hasta un fin en intensidad? Por otra parte, ¿quién será capaz de señalar los límites en el amor de Jesucristo, sea en un sentido o en otro?

La Poesía mística común intenta expresar de alguna manera tal misterio de amor. Llora la esposa con razón por sus faltas de amor y sus pecados, por más que sean pasados y olvidados. Sin embargo, incluso llega un momento feliz en el que el Esposo no quiere saber nada más de llantos ni de arrepentimientos que ya no son necesarios, pues el perdón del Esposo ha sido en tal grado que dudar de su *totalidad* significaría dudar de la *totalidad* de su Amor:

---

[64] Ca 2: 5–6.
[65] Jn 13:1.

> *El susurro del bosque se escuchaba,*
> *y a lo lejos la tórtola arrullaba,*
> *cuando tus dulces ojos me miraron*
> *y en lágrimas los míos se bañaron.*
> *Te hablé de mi pobreza, apresurado,*
> *aún más que pesaroso, avergonzado.*
> *Mas me pediste abandonar los llantos*
> *y entonar del amor los dulces cantos.*
> *Y así en tus manos fueron mis pecados,*
> *perdidos, perdonados y olvidados.*

En la intimidad del amor divino–humano, el mundo parece diferente, el sol brilla de forma más clara y distinta y hasta la oscuridad de la noche se torna en firmamento brillante de luz:

> *Y una vez su carrera terminada,*
> *acabando la noche, a la alborada,*
> *fugaz el firmamento ha recorrido*
> *un enjambre de estrellas sin ruido.*

Sin embargo, como ya hemos dicho, la esposa feliz y enamorada vive todavía en un mundo marcado por el dolor a causa del pecado. Sin haber llegado al final del camino, aún transita por la senda ardua y empinada de la que hablaba Jesucristo (Mt 7:14). Los cantos contenidos en *El Cantar* que hemos visto más arriba, donde se animaba a las criaturas a no despertar ni inquietar a la esposa, contienen sin embargo un inciso final que equivale a una condición ineludible. Todo ha de continuar así, dice el Libro,

> *...mientras que a ella le plazca.*

Este inciso marca claramente que aún no se ha llegado a la meta, y que el estado de felicidad ha de ser compartido por ahora con los momentos de dolor y de sufrimiento. ¿Nos hallamos de nuevo ante una verdadera aporía o se trata de otra expresión cariñosa del texto?

Los misterios, por definición, aparecen a la mente humana como insolubles, y más aún cuando se trata, como sucede en este caso, del mayor de todos ellos. Pero los misterios que pertenecen al orden sobrenatural no puede decirse que sean insolubles, sino solamente inaccesibles en su totalidad para el ser humano. Aunque sí que pueden ser estudiados hasta un cierto grado de profundidad de conocimiento que, según la voluntad de Dios en cada caso, llega justamente hasta donde es necesario o conveniente para la salvación del hombre.

Sea lo que sea lo que signifique el inciso, es evidente que indica que el estado idílico de felicidad de la esposa ni es total ni tampoco definitivo por el momento.

De todos modos, la condición de *peregrino*, que significa no haber llegado todavía a la meta, frente a lo que pudiera creerse, es ocasión que crea en el alma emocionados e importantes sentimientos.

Es cierto que *todo es gracia* y que todo depende de la gracia. Pero la Sabiduría y el Amor de Dios han dispuesto que la remuneración por nuestro amor sea también una *corona merecida*. Así se explican los avatares de una vida de espera, de ansiedad en la búsqueda del Amado, de deseos de compartir su Vida y su Muerte y finalmente de poseerlo. Cuando se nos podía haber dado todo sin esfuerzo alguno, Dios ha querido que sea el nuestro un amor voluntariamente *correspondido por nuestra parte* y voluntariamente *deseado por nuestro corazón*. Dicho con otras palabras, Dios ha deseado que nuestro amor por Él *sea un verdadero amor*.

Dios ha aprovechado nuestra situación después del pecado para que nuestra relación con Él sea una auténtica relación amorosa, conquistada duramente a través de una lucha realizada en libertad como condición de autenticidad. Las alturas de la vida mística, que es lo mismo que decir las profundidades del amor divino–humano, no se alcanzan sin haber subido primero a la cima del Monte Calvario para compartir la Muerte de Jesucristo.

Por eso la vida del hombre es una aventura que discurre a través de un camino lleno de obstáculos, pero en la que encuentra la oportunidad, hasta llegar a la meta, de demostrar su amor. Y lo hace recorriendo el trayecto de la mano de sus hermanos con la ilusión de llegar el primero: *¿No sabéis que los que corren en el estadio, todos corren pero uno solo recibe el premio? Corred de tal manera que lo alcancéis.*[66] Se trata pues de correr, y de correr siempre hasta alcanzar la meta. Aunque esta vez el premio es para todos aquéllos que corrieron dignamente. Pero atención, porque no logra la plenitud del primer mandamiento quien no cumple también el segundo (1 Jn 4:20):

> *Y aunque seguimos juntos el sendero*
> *deja que me adelante yo el primero,*
> *allí donde se acaba la vereda*
> *y el duro trajinar atrás se queda.*

---

[66] 1 Cor 9:24.

CAPÍTULO IX

La participación en la Muerte de Cristo
según la Mística y la Poesía mística
y otros temas relacionados

La participación del cristiano en los sufrimientos de la Pasión y la Muerte de Jesucristo forma parte de su identificación con Él. Es la condición indispensable para hacer propia la existencia de su Maestro y realizar un intercambio de vidas. De ahí la necesidad que tiene el cristiano de sufrir *en Cristo y con Cristo* como elemento necesario para alcanzar la total configuración con Él.

Los místicos poseen una extensa doctrina acerca de las purificaciones, tanto del sentido como del espíritu, explicadas magistralmente en las conocidas *Noches* de San Juan de la Cruz.

Las *Noches* o Purificaciones del alma, tan necesarias en la vida espiritual y mística, abarcan todos los estados y acontecimientos dolorosos que se van sucediendo en el itinerario de la vida espiritual y de la oración.

Entre los que hay que contar la ausencia y desaparición del Esposo y su ansiosa búsqueda por parte del alma. Acompañadas por un conjunto de sufrimientos, a veces sumamente angustiosos, que afectan a todos aquéllos que aman y buscan apasionadamente a Jesucristo.

No vamos a prestar atención aquí a una cuestión suficientemente estudiada por la Doctrina, y sí solamente a las posibles implicaciones de la Poesía en el tema.

El Cantar de los Cantares apenas si dedica un breve espacio al tema de la ausencia del Esposo (Ca 3: 1–4). Lo que no es extraño en un Poema sagrado dedicado a cantar los amores del Esposo y la esposa, donde la búsqueda o la ausencia del primero no dejan de ser un episodio incidental. La Mística clásica, sin embargo, ha dedicado a la cuestión extensos tratados. Algunos como la *Subida al Monte Carmelo* o la *Noche Oscura del Alma*, de San Juan de la Cruz, están dedicados íntegramente a los caminos de la purificación del alma hasta llegar a la unión con Dios. En cuanto a *Las Moradas* teresianas, describen un largo y prolijo periplo en el que el alma se va despojando de toda clase de apegos y afecciones hasta llegar a la unión con el Esposo.

La doctrina describe todo lo que es imprescindible para la purificación del alma hasta llegar a la unión con Dios. Como decía el Apóstol, vivir con Cristo supone necesariamente morir con Cristo, en igualdad y semejanza:

> *Si vivimos, con el Señor vivimos,*
> *y si morimos, con el Señor morimos.*
> *En fin, sea que vivamos o sea que muramos,*
> *del Señor somos.*[67]

Y aquí entramos en una serie de consideraciones de difícil entendimiento para la naturaleza humana, de por sí reacia al dolor, donde la clave del problema reside en distinguir el sufrimiento sin Cristo del sufrimiento *con Cristo y por Cristo*. Para lo que es necesaria la presencia del amor.

El amor no priva al sufrimiento de su condición dolorosa. Pero le otorga una nueva cualidad que lo transforma y lo convierte en *sufrimiento por amor*.

---

[67]Ro 14:8.

Pero explicar la condición del *sufrimiento amoroso* significaría adentrarse de nuevo en los misterios del amor. Cosa que solamente será entendida por quien sea capaz de amar, puesto que es una experiencia reservada a las almas enamoradas de Jesucristo. En cuanto al sufrimiento amoroso a nivel meramente humano, está comprobado que no logra alcanzar esa condición.

El *sufrimiento amoroso* no priva del dolor. En nuestro caso le añade la cualidad de *dolor compartido con la persona amada, o bien sufrido por causa de ella,* y aquí esa Persona es Jesucristo. Donde coinciden, por lo tanto, dos sentimientos simultáneos: el dolor, que es propio de la naturaleza, y el amor, que es propio de la persona.

¿Cuál de ellos prevalece? Sería difícil decirlo, si es que es posible explicarlo, puesto que ninguno de los dos sentimientos desea prescindir del otro: ni el dolor elimina el amor ni el amor quiere suprimir el dolor. De donde lo único que cabe decir es que el *dolor aceptado es la prueba y la demostración del amor.*

Claro está que si el *sufrimiento amoroso* es prueba de amor, adquiere el valor de cualquier otra demostración de amor: un requiebro, un beso, una caricia o cualquier gesto o expresión de afecto. Aunque el *sufrimiento amoroso* contiene una cualidad que lo distingue de las otras pruebas de amor. Pues aquí hace su presencia el dolor, lo que le otorga un valor que puede hacerlo superior a cualquier otra expresión de amor. Que es lo que explica que a menudo los santos hayan preferido sufrir por Jesucristo a todo lo demás.

A su vez, el secreto del *amor doloroso* estriba en el deseo de compartir el destino y la existencia de la persona amada. De otro modo no podría darse la total identificación con ella, que es en definitiva lo que más desean los auténticos enamorados. Para quien está verdaderamente enamorado, vivir con la persona amada es tan gozoso como sufrir y morir con ella.

La poesía sanjuanista no podía dejar de reflejar esta situación. Que al fin y al cabo es la más dolorosa y angustiosa para un alma enamorada, imposible de comprender por terceros, pero que es prueba de amor:

> *¿A dónde te escondiste,*
> *Amado, y me dejaste con gemido?*
> *Como el ciervo huiste*
> *dejándome herido;*
> *salí tras Ti clamando y eras ido.*[68]

El tema tampoco podía ser ajeno a la poesía mística común, que también llora a su manera la ausencia del Amado:

> *De noche se marchó hacia la montaña,*
> *de noche se perdió por el sendero,*
> *de noche me dejó por tierra extraña,*
> *de noche me encontré sin compañero.*

Como puede verse, la noche suele ir asociada a la ausencia del Esposo. Y cualquier clase de tierra, país o lugar, se convierten en extraños después que Él ha desaparecido. Y una vez más se trata de sentimientos que la prosa intentaría explicar, pero sin conseguir nunca la elevación de ánimo que alcanzan cuando van expresados a través de la belleza de las palabras contenidas en el duende de la Poesía.

La Poesía mística consigue a veces expresar elevados sentimientos producidos por la ausencia del Esposo que serían difíciles de explicar. Como por ejemplo el dolor de sentirse sin dueño, cuando

---

[68]San Juan de la Cruz, *Cántico Espiritual*.

el alma enamorada desea ardientemente pertenecer al Esposo como cosa exclusivamente suya. De tal manera que lo que para otro supondría la tristeza de la falta de libertad, para el alma enamorada significaría la pena de la pérdida de la esclavitud a cambio de una libertad no deseada:

> *El día ya se aleja,*
> *dulce jilguero de color trigueño,*
> *y así otra vez nos deja,*
> *como en amargo sueño,*
> *a ti sin libertad y a mí sin dueño.*

El amor contempla extrañas paradojas, y la libertad se hace más amable cuando alguien consigue perderla en brazos del Amado.

San Juan de la Cruz sabe cantar muy bien el dolor por la ausencia de la persona amada, e incluso —cosa poco corriente en la poesía mística—, echando mano de la ley de la *reciprocidad* en el amor, alude al dolor del Esposo por la ausencia de la esposa, tal como aparece en su bella oda *Un Pastorcico solo está penado*.

La lírica del Santo se hace aquí tan musical, tan volcada al sentimiento amoroso al describir el dolor de la esposa por no encontrar al Amado, que la estrofa parece la entonación de un canto al Amor:

> *Pastores, los que fuéredes*
> *allá por las majadas al otero,*
> *si por ventura viéredes*
> *Aquel que yo más quiero,*
> *decidle que adolezco, peno y muero.*[69]

---

[69] San Juan de la Cruz, *Cántico Espiritual*.

Conviene darse cuenta en este lugar, como ya lo observó Dámaso Alonso, del movimiento en gradación del verso final cuando describe el dolor de la esposa con tres verbos puestos en aposición: *Decidle que "adolezco, peno y muero"*, que más parece un himno a la muerte de amor que un puro lamento.

Indudablemente la Santa de Ávila es más mística que poetisa. Aunque con lo primero ya fue suficiente para que nadie eche en falta lo segundo. De todos modos, su producción poética, fervorosa y llena de unción, carece sin embargo de la dulzura, la suavidad y la ternura de la poesía del Santo de Fontiveros:

> *Vivo sin vivir en mí,*
> *y tan alta vida espero*
> *que muero porque no muero.*[70]

San Juan de la Cruz tampoco se olvida de dar cuenta de la alegría de la esposa después de haber hallado al Esposo. Al fin y al cabo, una búsqueda de algo tan deseado no podía sino abocar al desenlace feliz al que todo hombre está destinado:

> *La blanca palomica*
> *al arca con el ramo se ha tornado,*
> *y ya la tortolica*
> *al socio deseado*
> *en las riberas verdes ha hallado.*[71]

La poesía mística moderna insiste más en el suspiro de alivio y de consuelo de la esposa, una vez que ha conseguido por fin encontrar de nuevo al Esposo.

---

[70] Santa Teresa, *Poesías*.
[71] San Juan de la Cruz, *Cántico Espiritual*.

Y como siempre sucede en todos los fenómenos del espíritu humano, los sentimientos se ven afectados por los hechos que suceden en el entorno del momento histórico que se vive. Así podría hablarse de las situaciones de crisis que pueden darse en el mundo o en la Iglesia en una época dada, o de la lucha de las diferentes ideologías que sucesivamente tratan de imponerse para sojuzgar a la Humanidad, etc. Aunque ninguna época de la Historia de la Iglesia ha padecido una crisis tan grave como la actual, con el estado de apostasía general y el rechazo de Dios por parte de la mayoría. Todo ello junto a las angustias de la minoría que ha permanecido fiel:

> *Llegué a una encrucijada del camino*
> *sin saber de mi vida su destino,*
> *y al caer de la noche el negro velo*
> *perdido me encontré y en desconsuelo.*
> *Mas cuando al cabo apareció la Luna*
> *ya no hubo oscuridad ni sombra alguna.*

El *requiebro*, llamado también *piropo* en lenguaje vulgar, es un elemento del diálogo en la relación amorosa. En las relaciones meramente humanas se suele considerar normal que sea el varón quien lo dirija a la mujer, aunque de todas formas siempre está presente su carácter de reciprocidad como todo lo que ocurre en la relación amorosa. En *El Cantar* suele atribuirse tanto al Esposo como a la esposa.

Los requiebros propios del Esposo que aparecen en *El Cantar* dirigidos a la esposa, además de estar expresados mediante metáforas increíblemente bellas, poseen tanta fuerza de impacto y son de orden tan subido que podría decirse que son inquietantes con un fuerte contenido emocional:

> *Eres, amada mía, hermosa como Tirsa,*
> *bella como Jerusalén,*
> *terrible cual escuadrón ordenado para la batalla.*
> *Aparta ya de mí tus ojos,*
> *que me matan de amor.*
> *Es tu cabellera rebañito de cabras*
> *que ondulan al subir por el monte de Galad.*[72]

Las metáforas desfilan ante los ojos del lector mostrando su fuerza expresiva al mismo tiempo que su impotencia para decirlo todo:

> *como escuadrón ordenado para la batalla.*

Un escuadrón preparado para el combate evoca ideas de dinamismo, de fuerza defensiva y ofensiva, de valor y arrojo, y hasta la belleza trágica de un conjunto ordenado de soldados ya dispuestos en los momentos previos a la batalla en la que van a entregar su vida.

Y si el amor en el presente estadio terreno se desarrolla en forma de combate entre los amantes, es porque es fuerza ofensiva y defensiva, estrategia y disposición a entregar la propia vida. El mismo Esposo confiesa en *El Cantar* haber sido capturado en alguna ocasión por la fuerza del amor de la esposa:

> *Prendiste mi corazón, hermana, esposa,*
> *prendiste mi corazón en una de tus miradas,*
> *en una de las perlas de tu collar.*[73]

---

[72] Ca 6: 4–5.
[73] Ca 4:9.

Por eso le pide a la esposa que aparte sus ojos de Él *porque lo matan de amor*. De manera que una mirada amorosa no es simplemente una expresión de amor, sino que a causa de la carga amorosa que lleva consigo puede afectar profundamente el corazón de la persona amada a la cual va dirigida.

De estas expresiones y de tantas otras semejantes se desprenden varias enseñanzas. Una de ellas consiste en que el amor de Dios no es puramente unilateral. Puesto que para muchos el amor divino es el que Dios profesa a cada hombre como parte del que otorga a todas las criaturas. Para otros es el amor del hombre hacia Dios, al cual se dirige en oración de peticiones y de adoración. Y en todos ellos falta la idea de un amor correspondido, si no por desconocido pero al menos como olvidado.

En este sentido reconozco que echo en falta una mayor insistencia en el amor de reciprocidad, por parte del Esposo hacia la esposa (de Dios al alma que diría el Santo), en la Mística de San Juan de la Cruz. A diferencia de lo que ocurre en la de Santa Teresa, donde las relaciones personales de bilateralidad aparecen con mayor claridad y frecuencia.

La poesía mística común también alude el fenómeno de la fuerza misteriosa de la mirada amorosa, añadiendo el matiz de que tanto puede matar de amor esa mirada como la situación en la que falta:

> *Sus ojos en los míos se posaron*
> *antes de que la aurora despertara,*
> *y de amor tan herido me dejaron*
> *que si otra vez de mí los apartara,*
> *mi vida en muerte al cabo se trocara.*

De ahí que la esposa cante emocionada al misterio de la mirada del Esposo:

> *Ni el suave titilar de las estrellas,*
> *ni las cumbres de nieves olvidadas,*
> *ni virginales rostros de doncellas,*
> *ni la aurora de luces sonrosadas,*
> *vencieron en belleza a tu mirada*
> *por la luz del amor iluminada.*

Nadie ha descrito el ímpetu y la fuerza irresistible del amor mejor que *El Cantar de los Cantares*. Los místicos hablaron del amor como elemento esencial de las relaciones divino–humanas, así como de sus efectos en el alma. Santo Tomás prefirió desviar la atención hacia un tratado de la caridad como virtud en general, pasando de largo ante el tema del amor como sentimiento personal y como vínculo inefable de unión. Pero *El Cantar* emplea las palabras más fuertes que cabía utilizar, quizá en un intento de subrayar que estamos ante la mayor Realidad de todas las Realidades, ante el Misterio de todos los misterios, ante lo más inefable de cualquier belleza imaginable y ante la única fuerza en el Universo capaz de *mover el Sol y a las demás estrellas*:

> *Que es fuerte el amor como la muerte*
> *y son como el sepulcro duros los celos.*
> *Son sus dardos saetas encendidas,*
> *son llamas de Yavé.*[74]

La poesía mística común, consciente de que el hombre ha sido creado para amar y para ser amado, y si el amor es tan fuerte como para herir el corazón hasta la muerte, ya no duda en elegir esta última como opción:

---

[74] Ca 8:6.

> *Si vivir es amar y ser amado,*
> *sólo anhelo vivir enamorado;*
> *si la muerte es de amor ardiente fuego*
> *que abrasa el corazón, muera yo luego.*

Los conceptos antitéticos del Amor y el de la Muerte están más próximos de lo que parece. *El Cantar* los compara en fuerza, como hemos visto:

> *Porque es tan fuerte el amor como la muerte.*

Y no se alcanza el verdadero amor con Cristo ni la unión total con Él sin participar en su Muerte. Por eso se dijo que la muerte es la mejor prueba de amor (Jn 15:13), así como que la muerte de un cristiano no puede consistir en otra cosa que en muerte de amor.

No es frecuente que los hombres se tomen en serio el amor como no es frecuente que se tomen en serio a Dios. La vida mística y la oración contemplativa *son para los santos*, o eso es lo que suele decirse. Según la generalidad de los hombres, son cosas reservadas a las almas a las que Dios ha otorgado sus más especiales y elevadas gracias.

En lo que puede haber algo de verdad. Lo que no sabemos es si tales almas se consideran elegidas por haber recibido tan elevadas gracias, o si tal vez han recibido tales gracias como respuesta a un alto grado de generosidad por su parte. Ningún ser humano puede saber de antemano si ha sido elegido por Dios para una vida interior elevada, como tampoco puede saber *si tal vez podría haber sido elegido en el caso de que hubiera sido mayor su generosidad.* Es verdad, como decía Bernanos, que *todo es gracia,* pero, ¿quién es capaz de saber dónde podrían confluir las gracias del Cielo y la generosidad de cada uno?

Dios no se toma las cosas en broma. Desde luego no se toma en broma su Misericordia como tampoco se toma en broma su Justicia. Y mucho menos el Amor, porque equivaldría a dejar de tomarse en serio a Sí mismo. Por eso el amor que tan generosamente otorga a sus criaturas *es verdadero amor*, y no lo que generalmente entienden los hombres por tal cosa.

El Cantar de los Cantares da fe de que la esposa lo ha entendido así, y por eso es ella misma quien no vacila en afirmar que *el Esposo le pertenece*. Pues efectivamente el amor es mutua y recíproca posesión y entrega, y no puede quedar reducido a unas meras relaciones del alma con Dios, como parece deducirse de algunos tratados de Espiritualidad. La esposa lo dice claramente, y en dos lugares del Libro además:

> *Mi amado es para mí y yo soy para él.*
> *Pastorea entre azucenas.*[75]

En otro lugar aún insiste la esposa en asegurarlo con mayor fuerza, con una afirmación que incluso parecería atrevida para quien no haya caído en la cuenta de que el amor es tan osado que no conoce limitaciones. Siendo la osadía, en definitiva, la firme determinación de alcanzar lo que se ofrece pero *hasta el fin*. Y así igualmente para conseguir lo que se desea, hasta lograr una meta a cuyo final nunca se llega:

> *Yo soy para mi amado*
> *y a mí tienden todos sus anhelos.*[76]

---

[75] Ca 2:16.
[76] Ca 7:11.

La esposa es consciente, como no podía ser de otra manera, no solamente del amor que el Esposo le profesa, sino de que tal amor es de tal profundidad que se hunde de nuevo en el misterio.[77] ¿Qué puede significar la afirmación de que *todos los anhelos* del Esposo tienden hacia la esposa?

Tal vez el mejor modo de describir la intensidad del amor del Esposo hacia la esposa sea lo que dice San Juan al comenzar la narración de los acontecimientos de la Última Cena. Según el Apóstol Evangelista, Jesús, *habiendo amado a los suyos que estaban en el mundo, los amó hasta el fin.*[78]

Pero la imposibilidad de describir la profundidad del misterio no elimina los sentimiento de admiración y de asombro que produce en el ser humano.

El hecho de que *todos los anhelos* del Esposo tiendan hacia la esposa tiende otro manto más de misterio y de intimidades inexplicables en las relaciones amorosas divino–humanas. Las cuales tendrán su ámbito de desarrollo en los grados más elevados de la vida mística.

Si hemos de entender como cosa real la afirmación de que *todos los anhelos del Esposo tienden a la esposa,* la idea habrá que extenderla a la posibilidad de la muerte de amor y por amor. Pues debe entenderse como algo cierto que la ansiedad por la posesión de la persona amada puede llegar hasta el extremo de la muerte de amor. Y esto, en aplicación de la ley de la reciprocidad, como después ve-

---

[77] Conviene recordar que el amor es un abismo de misterios. El Amor es Infinito y se identifica con Dios, y de ahí que nunca se agota para la criatura. Sabemos por la Fe que los bienaventurados en el Cielo ven a Dios cara a cara en un estado de completa saciedad. Pero desconocemos el modo en que tal amor adquiere su vivencia a lo largo de una Eternidad que tampoco tiene límites.

[78] Jn 13:1.

remos. *El Cantar* afirma claramente que el Esposo se muere de amor por la esposa:

> *Aparta ya de mí tus ojos*
> *que me matan de amor.*[79]

Claro que podría pensarse que atribuir a Dios una muerte de amor o por amor sería una pura metáfora, y así parecería entenderlo *El Cantar* dentro del mundo fascinante del lenguaje poético. La expresión *morir de amor* suele entenderse como la alusión a una extrema sobreabundancia de amor.

Pero que la idea de morir de amor y por amor es absolutamente real, y no una bella metáfora, queda demostrada, tanto por el hecho de la Muerte por amor de Jesucristo en la Cruz, como por el no menos cierto de tantos seguidores suyos que han muerto por el mismo motivo.

Que Jesucristo murió de amor y por amor por nosotros y por cada uno de nosotros *es una suprema realidad*. Y que la muerte normal para un cristiano no debiera ser otra que una muerte de amor es otra realidad, la cual puede convertirse en un hecho en almas privilegiadas por la gracia que han sabido responder a ella con extrema generosidad.

Si nos trasladamos al terreno del amor en las relaciones divino-humanas, y habida cuenta de la ley de la reciprocidad en el amor, lo que es real para el hombre no es metafórico para Dios. El hombre muere de amor por Jesucristo a quien ama, y Jesucristo muere de amor por el ser humano. Nada en el amor es figurado, y todo es reciprocidad en la relación amorosa.

---

[79] Ca 6:5.

Habrá quien objete que entre la Persona de Jesucristo y su Muerte y nosotros median dos milenios, lo cual supondría una grave miopía teológica y un desconocimiento de los designios de Dios. El cual no se hizo Hombre para treinta años de vida temporal en el mundo de los hombres. Sino que Jesucristo Resucitado *sigue siendo actual para nosotros* hasta el fin de los siglos y para toda la Eternidad: *Jesucristo es el mismo ayer, y hoy, y por los siglos*.[80] En Sí mismo y en la vida de cada cristiano.

Por otra parte, la Muerte de Jesucristo se actualiza constantemente en la Santa Misa. El Apóstol San Pablo reconocía la actualidad de los sufrimientos y de la Muerte del Señor y aplicaba las consecuencias a su propia vida: *Ahora me alegro de mis padecimientos por vosotros, y completo en mi carne lo que falta a los sufrimientos de Cristo*.[81]

De ahí la transcendencia de la Humanidad de Jesucristo en sus relaciones con la criatura humana. Siendo el único camino para entender esas relaciones de suyo amorosas, así como para huir de un falso idealismo (con toques de monofisismo) que trata de alejar demasiado a Dios de su criatura olvidando que se hizo Hombre. Quedan ya muy atrás unas relaciones *unilaterales* de Dios con el hombre, entendidas por muchos como de pura adoración, de necesidad de peticiones o de mero agradecimiento.

---

[80] Heb 13:8.
[81] Col 1:24.

CAPÍTULO X

*De algunos problemas que plantea
la visión contemplativa
en relación con la Poesía*

No debe confundirse la Poesía Mística con la Poesía Religiosa. Esta última es abundante, mientras que la Poesía Mística es escasa y bastante rara. En las obras de poetas como Antonio Machado, Sor Juana Inés de la Cruz, Lope de Vega, Fray Luis de León, Eugenio D'Ors, Gerardo Diego, León Felipe, Gabriela Mistral, Amado Nervo, la misma Santa Teresa, etc., entre los de lengua castellana, existen temas de carácter religioso que no pueden ser considerados como místicos. Incluso San Juan de la Cruz cuenta en su obra poética con producciones de índole puramente religiosa.

La Poesía mística no utiliza normalmente el lenguaje religioso, por más que parezca una paradoja, y la razón no es fácil de explicar. La Poesía mística posee su ámbito propio dentro de la Mística, que es lo mismo que decir en el mundo del más Puro y Subido Amor. Pero tener como objeto propio el amor significa depender de los conceptos de Belleza y de Bondad.

Por otra parte, el lenguaje místico poético intenta expresar lo *fascinosum*, que es lo inexpresable, lo elevado por encima de lo natural, lo que causa admiración y asombro por el toque de lo divino que lo acompaña y produce un *respeto reverencial*. Se trata de lo más subido y elevado en el orden de las gracias concedidas por Dios a los hombres, *pero expresado con y a través de la belleza*, que es el atributo más propio de la Poesía.

Ya en otro orden de cosas, el lenguaje prosaico, utilizado en la exposición académica y didáctica de los temas correspondientes al contenido de la Fe, no encaja en las ambigüedades propias de las metáforas y demás figuras literarias utilizadas en la Poesía. El lenguaje poético de Tolkien, por ejemplo, en su Poema *El Señor de los Anillos*, lo mismo en la prosa que en el verso, es sin embargo eminentemente místico, a pesar de no citar una sola palabra de temas directamente religiosos. Lo mismo que San Juan de la Cruz, que ni siquiera en su poema *El Pastorcico*, en clara referencia a Cristo Crucificado, utiliza un lenguaje de carácter religioso. A diferencia de tantos poemas religiosos bien conocidos en los que brillan las notas de religiosidad y devoción, pero que carecen en cambio de todo vestigio de carácter místico.

La Poesía religiosa, tal como ocurre siempre en la Poesía, utiliza también la belleza como elemento fundamental en la elaboración de su lenguaje. Pero se mueve dentro de un plano de espiritualidad que podríamos llamar *normal*, mientras que la Poesía mística transciende el plano de lo ordinario para ascender a un plano superior y más elevado. Si se admite que la oración contemplativa pertenece a un orden esencialmente distinto de la oración normal, entonces la poesía mística es exclusiva de la oración contemplativa.

La diferencia entre una y otra radica también en el distinto tratamiento del tema del *Amor* considerado en la realidad de la relación amorosa divino–humana. En la Poesía religiosa adquieren primacía los sentimientos de devoción y de adoración a Dios, pero sin insistir en los de *reciprocidad* e *intimidad* como importantes integrantes de la relación amorosa divino–humana.

Por otra parte, la Poesía religiosa utiliza la *belleza* considerada sobre todo como uno de los entes transcendentales, mientras que la Poesía mística la emplea como uno de los más inefables atributos de

Dios. El cual produce, como uno de sus efectos más directos, el de seducir al alma (al ser humano).

La última diferencia entre una y otra especie de Poesía radica en el diferente ámbito religioso en el que se mueven: el de la simple vida religiosa o cristiana y el de la vida mística. Los poetas buenos y cristianos son numerosos, mientras que los místicos que reúnan además la condición de poetas son bastante escasos.

Todos los fenómenos de la vida mística se producen bajo el claro-oscuro de la Fe. Sucede en todos ellos que la luz que aporta la seguridad de la fe va siempre unida a la oscuridad que impide la clara visión de la realidad, como una condición propia de la etapa de peregrinaje terrestre hasta que llegue el momento de estar en la Patria.

Con respecto a la *percepción* de Jesucristo adquirida en los estados más elevados de la oración mística, como medio más eficaz para colmar el ansia de *felicidad* por parte de la criatura, ya hablamos en su lugar del problema de las *visiones* tal como se desprende de los escritos de Santa Teresa.

Ya dijimos que no existen demasiadas dificultades con respecto a las visiones imaginarias o intelectuales de las que habla la Santa. Pero en cuanto a las llamadas *visiones reales* también conocidas por ella, hay que considerar que, cualquiera que sea su naturaleza, no pueden suceder necesariamente sino bajo el ámbito de la Fe. Según San Pablo, como ya vimos antes, ahora sólo podemos ver *borrosamente y como en un espejo*, y será únicamente en la Patria, despejada ya la fe, cuando veremos *cara a cara y conoceremos como somos conocidos* (1 Cor 13:12). Según lo cual, ¿en qué puede consistir esta visión borrosa y como por espejo?

San Juan de la Cruz, como es normal en los místicos, ansía la presencia del Amado. El Santo habla del deseo de contemplar sus ojos, los cuales *tiene en las entrañas dibujados*, como único medio de curar el mal de amor. Un mal que no se cura, añade, *sino con la presencia y la figura* de la persona amada. Hasta qué punto el Santo está hablando por medio de simbolismos, o si acaso estamos ante la realidad de sus *percepciones* sobrenaturales de Jesucristo de la que desconocemos en qué sentido habría de entenderse, es cosa que pertenece al misterio de la vida mística:

> *Descubre tu presencia,*
> *y máteme tu vista y hermosura;*
> *mira que la dolencia*
> *de amor, que no se cura*
> *sino con la presencia y la figura.*
>
> *¡Oh cristalina fuente,*
> *si en esos tus semblantes plateados*
> *formases de repente*
> *los ojos deseados,*
> *que tengo en mis entrañas dibujados!*[82]

Pero en estas dos estrofas está contenido todo el misterio de la vida mística. De un lado, el Santo reconoce que aún no goza de la ansiada presencia del Amado, ni le es dado contemplar la dulzura de sus ojos, los cuales —dice— solamente los tiene *dibujados en sus entrañas*.

De otro, el Santo demuestra en su amor apasionado, en la ansiedad que lo atormenta por gozar de la plena presencia del Amado —*de su vista y de su figura*—, y en el gozo y la sublime belleza que rezuma su poesía, que posee un cierto conocimiento del Amado. Un conocimiento que no puede reducirse a un estado meramente nocional, dado que su amor desbordante y apasionado no puede sino

---

[82]San Juan de la Cruz, *Cántico Espiritual*.

responder, en pura lógica, a un conocimiento profundo del Amado: *Nihil volitum nisi præcognitum.*

Sin ese conocimiento de la Persona y de la figura del Amado —en mayor o menor grado— toda la Poesía mística carecería de sentido. Nadie se enamora, y menos aún perdidamente, de lo que no ha visto jamás y de lo cual carece de conocimiento.

El conocimiento *borroso y como por espejo* de San Pablo, adquirido a través del claro–oscuro de la fe, supone todo el largo periplo de la vida mística hasta llegar a su culminación en la Patria. Quizá con respecto al modo y manera como tendrá lugar esa visión no nos sea permitido profundizar más mientras dura el período de peregrinación.

Pero el conocimiento ya adquirido es más que suficiente. Será parcial, o estará limitado dentro de un tiempo a la espera de una mayor plenitud. Pero en cuanto a los estadios más elevados de la vida contemplativa, es posible que la condición de indefinido y borroso haya de ser atribuida con mayor énfasis a las noticias *ad extra* que a la contemplación misma. De todas formas, las almas que gozan de tal *visión mística*, ni suelen hablar de visiones borrosas del Amado ni parecen tener en mente ese problema. Sería difícil explicar cómo tales visiones *borrosas* pueden provocar los ímpetus y los sentimientos amorosos, desbordantes hasta la muerte de amor, que se desprenden de sus experiencias místicas.

De todos modos, cualquier estadio de la vida mística, por elevado que sea y mientras se permanece en este mundo no puede ser una situación definitiva o de plenitud. La llegada a la Patria y la contemplación *cara a cara* no es simplemente un aumento en grado de perfección, sino que supone un momento y un cambio esencial en la existencia, *el paso a una Vida Nueva*, o si se quiere mejor, *el tránsito a la verdadera Vida.*

Por eso la Mística será siempre un Misterio o un abismo de misterios. Es la vivencia de un amor que tiende constantemente hacia un Amor infinito y sin límites, cuyo Último Fin (en el sentido que se quiera dar a esta expresión) solamente tendrá lugar en la Patria.

CAPÍTULO XI

El Sonido, la Música
y otros temas de la Poesía Mística

Una de las características de la Poesía mística es el aura misteriosa que desprende acerca de lo bello y de lo amable, seduciendo el corazón e induciendo en el alma deseos de algo que se intuye como cercano a la Belleza y la Bondad inacabables.

La Poesía mística, a diferencia de la religiosa cuyo principal objetivo consiste en suscitar devoción y fervor, evoca sentimientos tan peculiares como el de la seducción amorosa, el encanto de lo maravilloso, el ensueño de algo que podría llenar el corazón y, sobre todo, la fascinante percepción de la belleza. Todo ello contemplado en un universo nuevo y distinto, hasta ese momento desconocido, en el que se hacen realidad todas las fantasías e ilusiones que pueblan el corazón humano.

Sólo con intentar adentrarse en ella, el lector se siente invadido, incluso sin saber cómo, por el sentimiento de la paz y de la belleza imperecederas.

En la estrofa que leemos a continuación se aprecian algunos de los elementos más comúnmente utilizados en Poesía, lo mismo en la profana que en la mística. Aunque en ésta última, el aura de lo sobrenatural, que siempre la acompaña, proporciona al texto literario un aire de belleza con el que el lector, además de asociarlo inconscientemente a lo que se eleva más allá de todo lo conocido, presiente en su corazón la evocación de sentimientos inexpresables.

Y ahí es donde aparecen los montes, cuyas lomas se cubren de florestas que van ascendiendo en suave alfombra desde las planicies. Esmaltados de plantas aromáticas que exhalan sus aromas perfumando el ambiente, entre las cuales reconocemos el romero, el tomillo, la jara, la hierbabuena y el comino, pintadas todas con tonos brillantes y alimentadas por las aguas de manantiales y alfaguaras. El ambiente se hace así tan tranquilo que apenas si se rompe por el zumbido de las abejas o el graznido lejano de algún ave de paso. El paisaje se pierde luego entre bosques y carrascales, prolongados más adelante en mohedales que van cubriendo en verdes rodales los montes y lugares situados al pie de las pendientes.

Y en un ambiente idílico como éste, lleno de paz y lejos de los ruidos del mundo, es donde se crean las condiciones propias de la relación amorosa en la que se encuentran el Amado y la amada:

> *Mi Amado, subiremos*
> *al monte del tomillo y de la jara,*
> *y luego beberemos*
> *los dos, en la alfaguara,*
> *el agua rumorosa, fresca y clara.*

La Poesía mística insiste en el tema de las florestas apartadas como lugar idílico ideal para el encuentro de ambos enamorados, tal vez para hacer aparecer enseguida el tema de la *cena*. Un tema transcendental en el marco de la Espiritualidad cristiana como lugar de la institución de la Eucaristía y de la promulgación del mandamiento del amor. Aunque, tal como ya se ha dicho, la Poesía mística no suele abordar nunca tales hitos de la Teología de la forma didáctica que conviene a la exposición del contenido de la Fe.

Es natural que la Poesía mística exprese a su manera —el aura de la belleza y de lo sublime a través del uso de las palabras—

los anhelos de Dios que la Teología especifica de modo científico y prosaico:

> *Amado, yo quisiera*
> *al aire del jardín gustar tu cena,*
> *pues es la primavera*
> *y el monte ya se llena*
> *de romero, tomillo y hierbabuena.*

El tema de la cena sirvió a San Juan de la Cruz para componer una de las estrofas más bellas de su repertorio místico:

> *La noche sosegada*
> *en pos de los levantes de la aurora,*
> *la música callada,*
> *la soledad sonora,*
> *la cena que recrea y enamora.*[83]

La estrofa, demasiado importante en el contexto sanjuanista, vuelve a evocar el tema de la *noche*, por otra parte transcendental en la vida mística.

Aunque esta vez se trata de la noche ya *sosegada*, la cual trata de dominar su ansiedad caminando *en pos de los levantes de la aurora*. Pues una vez transcurrida la noche para el alma enamorada que aspira a poseer y amar a Dios, aguarda ilusionada la aparición de las luces de la aurora, que es una bella ilusión literaria con la que el poeta alude a la llegada del Esposo. Por la que tan ilusionada se encuentra la esposa que incluso teme no poder soportar la intensidad del deseo de abrazar a su Amado. Como si alguna vez se hubiera visto fuertemente impulsada a suspirar por Aquél que es su propia Vida:

---

[83]San Juan de la Cruz, *Cántico Espiritual*.

—*Jesús, ¡parece imposible soportar los fuertes deseos de abrazarte!...*

Para escuchar al Esposo decir a continuación:

—*¡Mayores son los míos por abrazarte a ti!*

Pero antes de llegar al verso final que cierra la estrofa —*la cena que recrea y enamora*—, hay otros dos que contienen dos figuras literarias que son quizá las más bellas e impactantes de toda la poesía sanjuanista:

la música callada,
la soledad sonora.

Dos luminosas antítesis en su aparente contradicción que producen en el lector, invadido por la admiración, una sensación que lo traslada al mundo de la fantasía y de la belleza recién descubierta. Una fantasía que se ha materializado increíblemente en la realidad de una música que sin embargo es callada y de una soledad que pese a todo es sonora.

Pero en el mundo del amor y de los misterios insondables, todo cabe para tratar de explicar lo inexplicable. Lo que a primera vista puede parecer contradictorio, resulta explicable en el ámbito del amor.

El sonido en Poesía —que no debe confundirse con el ruido— tiene como contrapartida lógica el silencio. El cual se rompe por la acción de algún sonido, mientras que el sonido podría apagarse lenta o repentinamente para convertirse en silencio. Los poetas juegan con ambos conceptos para producir extraños contrastes a veces, o bien imágenes que inducen a pensar en bellas escenas hasta ahora nunca imaginadas. Veamos un ejemplo de poesía profana en el que puede comprobarse el efecto que es capaz de producir el silencio:

> *En el silencio sólo se escuchaba*
> *un susurro de abejas que sonaba.*[84]

Existe también alguna muestra de poesía mística en la que el amor hace cambiar el sonido en silencio:

> *Siguiendo a los pastores*
> *llegué adonde el Amado me esperaba*
> *oculto en los alcores.*
> *Y al tiempo que me hablaba*
> *el susurro del viento no sonaba.*

Conviene tener en cuenta que la música de los hombres nada tiene que ver con la del Cielo. Decir, por ejemplo, que la música escuchada durante el período de peregrinación, incluida la más bella de todas, es un eco lejano de la música celeste sería decir algo y no decir nada, pues desconocemos por completo cualquier cosa que se refiera a la segunda, y de ahí que la comparación sea imposible.

De lo único que podemos estar ciertos con respecto a la música celeste es acerca de nuestro absoluto desconocimiento del tema. Lo único que podríamos decir es que en la Vida Eterna todo quedará invadido —sentimientos y percepciones— por la Gloria y el Gozo que se desprenden del Amor Perfecto. Todas las imaginaciones y representaciones, elaboradas por la mente humana durante la fase de peregrinación, nada tienen que ver con una realidad que se encuentra infinitamente distante del mundo de lo natural.

El amor creado, y de forma particular el divino–humano, participa de las cualidades que acompañan al Perfecto Amor en forma

---

[84]Garcilaso de la Vega, *Égloga Tercera*. Obsérvese el juego de consonantes labiales y silbantes (s, b).

y grados que nos son desconocidos. El problema radica en que una aproximación elevada al Perfecto Amor, hasta donde es posible en este mundo, queda reservada a los estadios más elevados de la vida y de la oración mística.

La Poesía mística se esfuerza hasta lo imposible por dar paso a la expresión de estos misterios. La música de las Esferas Celestiales —la que *ni oído oyó*, según San Pablo[85]—, solamente podría ser escuchada en este mundo de un modo meramente relativo, al cual podríamos denominar, solamente por decir algo para tranquilidad de nuestra mente, como eco lejano en los oídos místicos de quienes les ha sido otorgado escuchar la voz del Esposo. El Poeta de Fontiveros ha tratado de decir lo indecible en forma de una antítesis:

la música callada

Pero, ¿acaso la música puede ser *callada*? La Poesía muestra aquí su impotencia de forma casi angustiosa, al mismo tiempo que de todas formas cumple su cometido, dejando en quien la escucha la sensación de la belleza inexpresable, de los sueños mágicos que parecerían convertirse en realidad, del Gozo y de la Alegría Perfecta que no son de este mundo. De algo inexplicable en definitiva, pero que no es sino la secuela del misterio del amor.

La Poesía mística intenta mostrar, en un esfuerzo heroico y en forma de eco lejano, esa misteriosa *música callada* cuyos arpegios intenta evocar de algún modo. Y por más que fracase una y otra vez, vuelve de nuevo a su esfuerzo. De ahí que hable de susurros, de expresivos silencios y, sobre todo, de ecos lejanos que, si no reflejan la realidad de la música de las Esferas, muestran al menos jirones de

---

[85] 1 Cor 2:9.

belleza que llenan el espíritu de inefables evocaciones y lo trasladan a un mundo superior. Vuelve de nuevo al mundo pastoril:

> *Los rayos que la aurora derramaba*
> *la vida al verde valle devolvían,*
> *y abajo en las cañadas se escuchaba*
> *el melodioso son, que al par hacían,*
> *los sones de rabeles y guitarras*
> *y el ronco recital de las cigarras.*

Para el alma enamorada de Jesucristo, la voz y la presencia del Amado siguen siendo un sueño:

> *De tu vergel un ave*
> *por tu ausencia lloraba en desconsuelo,*
> *y oyó tu voz suave,*
> *y alzándose del suelo*
> *a buscarte emprendió veloz su vuelo.*

También la Música ha tratado desde siempre de expresar de algún modo la belleza mediante la armonía de los sonidos. Una labor en la que se encuentra próxima a la Poesía.

Si la Poesía busca la belleza mediante las palabras, la Música trata de encontrarla mediante los sonidos. Por eso también la Música es búsqueda de Dios, aunque a menudo el hombre no sea consciente de tal cosa cuando se sumerge en ella. En este terreno mucho adelantó la Iglesia mediante el *Canto Gregoriano*, lo más digno y elevado logrado por el hombre en este camino como medio para acercarse a Dios. Hasta los tiempos actuales de la Apostasía, en los que ha sido totalmente abandonado.

La música profana, o menos profana, de carácter religioso, como es por ejemplo la de Mozart (Misas, Vísperas, Letanías, Cantatas, etc.), la de Palestrina o la de Sebastián Bach, etc., jamás han logrado superar su carácter profano ni convertirse en verdadera música religiosa, pese a su elevado nivel artístico.

En cuanto a las modernas músicas *pop* o *rock* introducidas en los cultos de la Nueva Iglesia, no son sino la prueba de la degeneración artística y del grado de aberración religiosa al que han llegado la Iglesia y la Humanidad de los tiempos actuales. Que la Iglesia Postconciliar las haya introducido como instrumento de Pastoral es un problema difícil de explicar que no corresponde estudiar aquí.

San Juan de la Cruz alude al tema musical en otras estrofas con versos no menos bellos y evocadores:

> *Por las amenas liras*
> *y cantos de sirenas os conjuro...,*

La Poesía mística común tampoco podía dejar de utilizar con frecuencia el tema. Por eso aprovecha los trinos lastimeros de un ruiseñor enamorado, causantes de compasión hasta el llanto en el sauce que lo escucha, para mostrar un conjunto de sentimientos en los que la Naturaleza se muestra envuelta por la realidad del amor. Tal como puede verse en el poemita de *El Sauce Llorón*.

Como ocurre a menudo, las creencias y las tradiciones populares —la mayoría de ellas hoy perdidas— llegaron a creer en la realidad de un Sauce que acabo llamándose *Llorón*:

> *La dulce filomena*
> *llamando está a su amor desde la rama*
> *del verde sauce en el umbroso vado.*
> *Y el árbol siente pena*
> *por el ave que no encuentra a su amado,*
> *y que en su angustia clama*
> *sintiendo que agoniza en dulce llama.*
> *Y desde aquella hora,*
> *siempre que la oye el sauce, también llora.*

La Poesía, tanto la profana como la mística, pero sobre todo esta última, utilizan elementos rurales y eminentemente pastoriles, como las voces de pastoras y zagales, el llanto de aves como la tórtola, el rumor de la brisa..., todos los cuales se entrelazan para entonar los ecos lejanos del cántico del amor:

> *Las luces de la aurora,*
> *las voces de pastoras y zagales,*
> *la tórtola que llora*
> *entre los robledales,*
> *y el beso de la brisa a los trigales.*

O el rumor de mares sosegados y lejanos que traen hasta la orilla misteriosos sonidos que parecen susurrar cánticos de amor:

> *Los mares sosegados*
> *en ondas azuladas y serenas,*
> *los ecos apagados*
> *de cantos de sirenas*
> *y un susurro de amor que se oye apenas.*

EPÍLOGO

*El Problema de "El Cantar"
y el Plan de Dios sobre la Humanidad*

El Cantar de los Cantares es un Libro del Antiguo Testamento que, bajo la forma de un hermoso Poema, expone la íntima relación de vida amorosa que Dios ha tenido a bien establecer con el hombre.

El Libro es un caudal de poesía y un canto al amor escrito con palabras inspiradas por el Espíritu de Amor. Habida cuenta que la distancia que media entre un poeta divino y un poeta humano es la que determina la diferencia, no menos distante, entre el mero amor humano y el amor divino–humano.

Quien abre sus páginas se enfrenta con un océano de luz y un mundo de poesía. El Libro sólo habla del amor —la mayor de las Realidades existentes en el Cielo y en la Tierra—, utilizando la Poesía como la forma más bella de lenguaje de que dispone el hombre. Pues la Belleza es uno de los atributos del Amor Supremo —y por lo tanto, también del amor participado—, y así como la belleza es la fuente de seducción del amor, tampoco puede existir el amor sin la belleza.

Lo más sorprendente del Libro no es el hecho de que hable del amor, sino que el Amor Infinito se manifieste allí en actitud de total entrega y de *ofrecimiento gracioso* al hombre, que es su criatura. El ofrecimiento es libre, voluntario y perfecto, y está a la espera de una respuesta igualmente libre que signifique una entrega total. Pues el amor nunca es ofrecimiento aislado, sino que suspira a la espera de una respuesta que al aceptar haga posible la relación. Y así es como el ofrecimiento del uno se completa con una respuesta, mientras que la respuesta del otro supone la libre y amorosa reacción afirmativa a un ofrecimiento.

El Libro es un diálogo de amor entre el Esposo y la esposa, que es lo mismo que decir entre Dios y el hombre. Las situaciones se suceden en una serie de bellos y mutuos requiebros por parte de ambos, con figuras literarias poéticas y expresiones que jamás hubieran podido ser imaginadas por el hombre. Ni tampoco pensar que el Amor Infinito se haya dignado amarlo con tanta intensidad y de tal modo.

Tan increíble exposición de requiebros amorosos entre el Esposo y la esposa —entre Dios y el hombre—, es tan sorprendente por su belleza como impresionante por su atrevimiento. Apenas si podrán encontrarse en la literatura poética universal locuciones amorosas tan directas entre unos amantes que, como si todo esto no fuera suficiente, todavía se enfrentan mutuamente en un verdadero torneo o lucha de amor. Habla el Esposo dirigiéndose a la esposa:

Levántate ya, amada mía, hermosa mía, y ven:
Que ya ha pasado el invierno
y han cesado las lluvias.
Ya han brotado en la tierra las flores,
ya es llegado el tiempo de la poda
y se oye en nuestra tierra el arrullo de la tórtola.
Ya ha echado la higuera sus brotes,
ya las viñas en flor esparcen su aroma.
Levántate, amada mía, hermosa mía, y ven.[86]

---

[86] Ca 2: 10–13.

Epílogo

La esposa, por su parte, responde en términos no menos amorosos y tiernos:

> *Yo soy para mi amado*
> *y a mí tienden todos sus anhelos.*
> *Ven, amado mío, vámonos al campo;*
> *haremos noche en las aldeas.*
> *Madrugaremos para ir a las viñas,*
> *veremos si brota ya la vid,*
> *si se entreabren las flores,*
> *si florecen los granados,*
> *y allí te daré mis amores.*[87]

Lo más admirable de estos diálogos no es su belleza y profunda intimidad, con ser ambas tan intensas. Al fin y al cabo podrían ser pronunciados con palabras humanas y entre humanos. Lo más asombroso que se desprende de ellos es el hecho de que sean pronunciados *entre Dios y su criatura*.

Estamos acostumbrados a conocer las expresiones amorosas que mutuamente suelen decirse los humanos. Siempre bellas, poéticas, elevadas, quizá a veces más ordinarias pero siempre mostrando confianza íntima y profundo afecto entre dos que se aman. Mientras que, por el contrario, con frecuencia imaginamos las relaciones con Dios bajo la forma de señor a siervo, con lo que queda anulada la posibilidad de conocer el verdadero amor divino–humano.

Y aquí cabe una pregunta motivada por el asombro: Pero, ¿hasta tales extremos ha llegado Dios a amar al hombre? Aunque para responderla basta con recordar el texto de San Juan: *Tanto amó Dios al mundo que le entregó a su Hijo Unigénito.*[88]

---

[87] Ca 7: 11–13.
[88] Jn 3:16.

La admiración continúa, sin embargo, pues existen en *El Cantar* textos más expresivos todavía, como el que pronuncia el Esposo dirigiéndose a la esposa:

> *¡Qué hermosa eres, amada mía,*
> *qué hermosa eres!*
> *Son palomas tus ojos a través de tu velo.*
> *Son tus cabellos rebañito de cabras,*
> *que ondulantes van por los montes de Galad.*
> *Son tus dientes cual rebaño de ovejas de esquila,*
> *que suben del lavadero,*
> *todas con sus crías mellizas,*
> *sin que haya entre ellas estériles.*[89]

Y la esposa, por su parte, hablando del Esposo:

> *Como manzano entre los árboles silvestres*
> *es mi amado entre los mancebos.*
> *A su sombra anhelo sentarme*
> *y su fruto es dulce a mi paladar.*
> *Me ha llevado a la sala del festín*
> *y la bandera que ha alzado contra mí*
> *es bandera de amor.*[90]

Todo lo cual demuestra un *desbordamiento del amor de Dios ofrecido al hombre.* Si Dios había propuesto al hombre que debiera amarlo *con todo su corazón, con toda su alma, con toda su mente y con todas sus fuerzas,*[91] y teniendo en cuenta la ley de la reciprocidad

---

[89] Ca 4: 1–2.
[90] Ca 2: 3–4.
[91] Mc 12:30. Cf. 12:33; Lc 10:27.

en el amor, era de esperar que Dios, por su parte, no iba a amar al hombre de diferente manera. Además Dios no sabe amar si no es en totalidad: *Habiendo amado Jesús a los suyos que estaban en el mundo, los amó hasta el fin.*[92]

En este sentido *El Cantar de los Cantares* es un anuncio del Plan que Dios se había propuesto en favor del hombre. El cual consistía en el ofrecimiento de su Amor Infinito para que fuera participado por su criatura, sin duda alguna *hasta rebosar su capacidad de amar*. El Plan estaba destinado a cumplirse y lograr su plena efectividad con la llegada de Jesucristo.

El Cantar de los Cantares es el anuncio y la medida anticipada de la relación amorosa que Dios quería mantener con el hombre, su propia criatura llamada por Él a *participar de su misma vida divina*. Y como Dios es Amor, el Plan divino estaba destinado a que el hombre viviera de Amor y en el Amor por toda la eternidad.

Para los Padres y para el común de la Cristiandad *El Cantar* es la exposición de los amores de Cristo con su Iglesia. Aunque igualmente se ha venido admitiendo que el Libro se refiere al amor de Dios con cada ser humano.

La verdad es que ambas concepciones vienen a significar exactamente lo mismo. Pues, ¿qué es la Iglesia sino el Cuerpo Místico de Cristo, formado por Cristo Cabeza *y cada uno de sus miembros*, que son todos aquéllos que están unidos a Él? Y el mismo San Pablo relacionaba la unión de Cristo con su Iglesia con el matrimonio y el amor conyugal (Ef 5:32).

Está claro que el Plan de Dios no ha sido otro que el de mantener con el hombre unas auténticas relaciones de amor. Un amor que habrá de ser *verdadero, profundo, de absoluta intimidad y de totalidad*. Con todas las peculiaridades por las que se rige el amor

---

[92] Jn 13:1.

algunas de las cuales han sido contempladas en el presente libro. Como, por ejemplo, la reciprocidad, la plena confianza y la total amistad, la equiparación de los que se aman a un mismo nivel, la utilización del mismo e idéntico lenguaje, el trato de intimidad (hecho posible este último por la Humanidad de Jesucristo unida, junto con la Divinidad, a su Persona Divina), etc.

Aseguran algunos, para los cuales *El Cantar de los Cantares* no es sino un canto epitalámico propio de la Antigüedad, que se le asignan al Libro propósitos y objetivos que jamás existieron en la mente de sus autores. Muchos exégetas analizan hasta la exageración el texto hebreo original en busca de posibles fuentes cuyo testimonio, interpretado a veces con no poca arbitrariedad, certifique en favor del Libro sagrado como la narración poética de un simple himeneo.

Estos planteamientos olvidan que el Libro *es un libro inspirado*. Por lo que resulta difícil admitir que Dios haya convertido un libro en instrumento sagrado y parte del Depósito de la Revelación para describir la narración poética de un canto epitalámico.

El problema radica en el empeño de las ideologías modernas de reducir lo sobrenatural a conceptos puramente naturales, pendientes de la aprobación del hombre en cuanto a su veracidad y valor. Donde queda claro, una vez más, que cualquier intento de conciliación entre la Fe y las ideologías naturalistas es absolutamente imposible.

De la lectura del Libro se desprende con claridad que trata de exponer un desbordamiento amoroso e íntimo, hasta más allá de lo explicable, entre el Esposo y la esposa. Sin que en ningún momento aparezcan contratiempos o apariencias de problema entre ambos. Su contenido es como el *allegro vivace* de una Sinfonía, continuado y sin interrupción, que va *in crescendo* hasta la eclosión final. Los mutuos requiebros se suceden sin interrupción hasta la culminación

Epílogo

del único Poema y Cántico Sagrado al amor en ninguna otra parte escrito.

Incluso la aparente demora solicitada por la esposa ante el requerimiento del Esposo, tal como aparece en Ca 5:3, no es otra cosa, si bien se examina, que una de tantas frases utilizadas por una esposa enamorada para estimular las ansiedades del Esposo. El único lugar del Poema dedicado a la pérdida del Esposo y su búsqueda apasionada por parte de la esposa ocupa la mínima extensión de tres versículos (Ca 3: 1–3), en una situación prontamente solucionada que no se vuelve a repetir. El hecho de que el pasaje represente un minúsculo punto perdido en medio del Poema, ya es bastante elocuente respecto a lo que significa en una Composición poética, toda luminosa y de carácter positivo enteramente dedicada al puro amor.

Si el Poema Sagrado es la exposición y el anuncio del Plan de amor perfecto de Dios con relación al hombre, parece lógico pensar que estaría destinado a verse plenamente realizado con Jesucristo. No vamos a demostrarlo aquí, aunque después hayamos de insistir sobre el tema. Baste recordar que a la Buena Nueva de la Salvación se la conoce como el Evangelio del Amor. Y no otra cosa sino amor es la existencia terrena de Jesucristo, desde su Nacimiento hasta su Muerte. Junto a la totalidad de su Mensaje, desde el Pregón en Nazaret (Lc 4:18), pasando por el Sermón del Monte o el de la Última Cena hasta su Muerte en Cruz, etc.

De la lectura de *El Cantar de los Cantares* debiera desprenderse, según todo lo dicho, que la aventura de las relaciones de Dios con el hombre son un idilio de amor. Debiera desprenderse, pero no es así, y basta atender a la realidad para comprobarlo. Si todavía alguien llegara a dudarlo, no tendría sino mirarse a sí mismo y mirar el entorno y el ambiente del mundo en el que vive.

¿Cómo es esto posible y cuál es el fondo del problema?

Una primera respuesta, aun siendo verdadera, no deja de ser simplista y por lo tanto insuficiente. Consiste en acudir al mal uso que el hombre ha hecho de su libertad. Se dice que Dios ha ofrecido libremente su Amor al hombre y éste lo ha rechazado libremente también. Con lo que se aporta una respuesta al problema que, al menos en una previa consideración, parece satisfactoria.

Otra segunda respuesta reduce el problema a la nada alegando que el Poema es un mero canto epitalámico, sin más consecuencias ni consideraciones. Una hipótesis absurda desde el momento que la Revelación es algo más serio que un juego de niños.

Es evidente que la gravedad e importancia del problema merece una consideración más atenta que aporte, al menos en principio, un *status quæstionis* de la situación.

Ante todo, los hechos. Dios ha ofrecido libre y generosamente su Amor al hombre a fin de hacerlo *partícipe de su misma vida divina*. Misterio de infinita generosidad que se dice en una simple frase pero que muchos volúmenes no serían capaces de explicar. Por otra parte los hombres, al menos en una gran mayoría, han respondido negativamente. Hasta ahí la realidad.

¿Cuál es, por lo tanto, la raíz del problema? Siendo Dios el Amor Perfecto o Infinito, lo ofrecido al hombre es la posibilidad de participar en tal Amor Infinito. O dicho de otra forma, en la misma Vida Divina. El problema, por lo tanto y en último término, *es un problema de amor*.

El amor, en cuanto que se identifica con Dios —Dios es amor, dice San Juan— es una realidad infinita. Por lo tanto una Realidad tan seria como que es *la más importante de todas las realidades que existen*.

De donde se deduce que *El Cantar de los Cantares* trata de la mayor y más importante de todas las Realidades que existían ya antes de la creación del Universo y desde toda la Eternidad. La cual, según Dante, es *la que mueve al Sol y a las demás estrellas.*

En cambio los hechos imponen como cosa evidente que *el hombre no ha tomado en serio esa Realidad.* Y aquí no sería bastante decir que el hombre ha respondido a Dios como en broma, porque el asunto es *mucho más grave que todo eso.*

Por lo tanto, lo primero a establecer aquí es el hecho, reafirmado luego por la Revelación del Nuevo Testamento, de que *El Cantar de los Cantares* confirma con claridad y contundencia la tremenda Realidad que es el amor:

> *Si alguno ofreciera por el amor toda su hacienda, sería despreciado.*[93]

Si se toman en serio las palabras de la Escritura, habrá que entender que el *desprecio* del que se habla aquí no se limita al hecho de no aceptar la totalidad de la hacienda como pago por el amor. En realidad se está apuntando hacia una *condenación* del ofrecimiento mismo y de la persona que lo aporta, dada la ofensa que supone la equiparación entre realidades cuyo valor y distancia son infinitas.

Pero *El Cantar* sigue insistiendo en la consideración del amor como la más tremenda y terrible de todas las realidades, y de ahí que se valga de lo más fuerte del lenguaje de los hombres, así como de comparaciones punzantes, pero asequibles a la mente humana para ponerlo de manifiesto:

---

[93] Ca 8:7.

> *Porque es fuerte el amor como la muerte*
> *y son como el sepulcro duros los celos.*
> *Son sus dardos saetas encendidas,*
> *son llamas de Yavé.*[94]

Que el amor es la Realidad Suprema lo confirma, en primer lugar, la Vida y el Mensaje de Jesucristo y lo prueba después su Muerte en la Cruz. De manera que tanto el Antiguo como el Nuevo Testamento —y *El Cantar de los Cantares* en particular— tienen un único tema cuyo objeto principal es el amor. El que por la bondad de Dios fue ofrecido a los hombres.

La postura y el pensamiento de Jesucristo frente a la Realidad del amor son *absolutamente serios*. Con respecto al amor Jesucristo no reconoce distingos ni mitigaciones.

Su precepto acerca del modo de amar a Dios es cortante como espada de doble filo: *Con todo tu corazón, con toda tu alma, con toda tu mente y con todas tus fuerzas*. Jamás hubiera admitido Jesucristo en este punto las concesiones que la actual Iglesia modernista ha hecho en favor de la debilidad humana.

Probar con textos del Evangelio, corroborados por otros de los Apóstoles, que el Amor es lo que Jesucristo vino a traer a los hombres, obligaría a citar todo el Nuevo Testamento. Por lo que nos limitaremos a recordar algunos textos más llamativos con las Palabras mismas de Jesucristo:

Si alguno viene a mí, y no odia a su padre y a su madre, a su mujer y a sus hijos, a sus hermanos y hermanas, e incluso a su propia vida, no puede ser mi discípulo...[95] *El que ama a su padre o a su madre más que a mí, no es digno de mí; el que ama a su*

---

[94] Ca 8:6.
[95] Lc 14:26.

Epílogo

hijo o a su hija más que a mí, no es digno de mí...[96] *El que quiera venir conmigo, niéguese a sí mismo, tome su cruz y sígame...*[97] *Si quieres ser perfecto, ve y vende cuanto tienes y entrégalo a los pobres; tendrás un tesoro en el Cielo, y luego ven y sígueme.*[98] Cuando quiere otorgar el Primado a Pedro, lo único que le exige es una prueba de amor (Jn 21:15 y ss.). Etc.

Los hombres, sin embargo, movidos por un deseo satánico de burlarse de Dios y de suplantarlo, han profanado el amor sustituyéndolo por el sexo, junto a vergonzosas aberraciones como secuelas suyas.

Pero nada ni nadie puede vencer al amor. Por si alguien lo duda, las palabras inspiradas de *El Cantar* lo afirman claramente:

> *No pueden aguas copiosas extinguirlo*
> *ni arrastrarlo los ríos.*[99]

Tales palabras contienen la respuesta al aparente fracaso del Plan de Dios ofrecido a los hombres. Ciertamente la mayoría de los hombres lo han rechazado, pero los planes de Dios, elaborados desde toda la Eternidad por el Poder, la Bondad y la Inteligencia Infinitas, no pueden ser reducidos a la nada. Y si lo ofrecido por Dios a los hombres es el Amor —lo que quiere decir Dios mismo— ya hemos visto que *no pueden aguas copiosas extinguirlo ni arrastrarlo los ríos.*

La última y definitiva respuesta está contenida en el hecho de que los hombres *no sabemos entender la Historia*, y olvidamos fácilmente

---

[96] Mt 10:37.
[97] Mt 16:24; Lc 9:23.
[98] Mt 19:21.
[99] Ca 8:7.

que Dios es el Señor de ella. En realidad todo estaba dispuesto para que la Victoria definitiva, la única y verdadera Victoria posible en la Historia de la Creación y de la Humanidad, solamente tenga lugar en el momento de la Parusía, *cuando Cristo entregue el Reino a Dios Padre, cuando haya aniquilado todo principado, toda potestad y poder. Pues es necesario que él reine, hasta que ponga a todos los enemigos bajo sus pies.*[100]

El Plan amoroso de Dios anunciado en *El Cantar de los Cantares*, profetizado por los Profetas, hecho realidad en Jesucristo, coronado y convertido en Victoria definitiva en la Parusía, aparecerá como que fue *lo absolutamente esencial y lo único definitivo en la Historia.*

Su rechazo por gran parte de la Humanidad junto a las pretensiones de los hombres, a las cuales prestaron tanta importancia a lo largo de milenios para erigirse en el lugar de Dios, se descubrirán como que fueron *minucias accidentales que pasarán como volutas de humo desapareciendo en el abismo de la Nada.* Solamente quedarán, como rastro de ignominia y de maldición, quienes rechazaron el Plan de Dios, convertidos ahora en réprobos para toda la Eternidad.

Mientras tanto el Libro *El Cantar de los Cantares* está ahí, abierto y dispuesto para quien quiera hacerse eco de su contenido. Escrito en el tiempo hace miles de años existía en la mente divina desde toda la Eternidad. Era el *Plan ideal* que Dios había dispuesto para los hombres, y continúa siéndolo.

---

[100] 1 Cor 15: 24–25. La Parusía no es solamente el momento de la segunda venida de Jesucristo a juzgar a los vivos y a los muertos. Sino la ocasión en que Él lo restablecerá todo, descubriendo la verdad de todas las cosas, imponiendo definitivamente la Justicia y destruyendo para siempre la Mentira y la Iniquidad. Será entonces cuando quedará definitivamente claro que Dios es la Verdad, y que todo lo que se opuso a Él era la Mentira.

Epílogo

Los hombres no quisieron aceptarlo. Y no solamente eso, sino que hicieron todo lo posible para destruirlo y reducirlo a la nada, sin querer darse cuenta de que arrojaban piedras contra su propio tejado. Porque el amor es eterno, inconmovible e invencible. Nadie puede nada contra él:

> *No pueden aguas copiosas extinguirlo*
> *ni arrastrarlo los ríos.*

Y no solamente es inconmovible e invencible, sino que proporciona la vida y da sentido a todas las cosas:

> *l'Amor che move il sole e l'altre stelle*

Puesto que el Amor y la Vida se identifican —*Yo soy el Camino, la Verdad y la Vida*[101]—, nadie puede vivir sin amor ni se puede llamar vida a la de aquel que no lo conoce. Acerca de lo cual han ido testificando en el mundo de la Poesía algunas composiciones que han ido apareciendo en las páginas de este libro:

> *En lágrimas bañado*
> *llora mi corazón, de amor herido,*
> *en penas angustiado*
> *del tiempo que se ha ido*
> *y por no haber amado se ha perdido.*

---

[101] Jn 14:6.

> *Si vivir es amar y ser amado,*
> *sólo anhelo vivir enamorado;*
> *si la muerte es de amor ardiente fuego*
> *que abrasa el corazón, muera yo luego.*

Jesucristo dijo de Sí mismo que Él es la Vida. De ahí que afirme claramente que una vida que pretenda transcurrir prescindiendo de la suya es una vida que se ha perdido:

> *El que busque salvar su propia vida,*
> *la perderá.*
> *Pero el que pierda su vida por mí y por el evangelio,*
> *la salvará.*[102]

Una vez más nos encontramos con las paradojas del amor. Para vivir hay que morir, para encontrar hay que perder, y quien piensa en sí mismo se pierde a sí mismo. La Muerte tuvo su origen en el manzano del Paraíso, aunque allí mismo fue vencida por el Amor, como lo dice expresamente el Esposo de *El Cantar*:

> *Yo te suscitaré debajo del manzano,*
> *allí donde murió tu madre,*
> *donde pereció la que te engendró.*[103]

Pero el amor es también un *vínculo* que ata y hace quedar sometido a la persona amada. Y al mismo tiempo que ata —de nuevo la paradoja— igualmente da la libertad. Pues el Amor es esencialmente libertad:

---

[102] Mc 8:35. Cf Mt 10:39; 16:25; Lc 9:24.
[103] Ca 8:5.

Epílogo

> *Donde está el Espíritu del Señor,*
> *allí está la libertad.*[104]

Nunca como ahora se ha hablado tanto de libertad y jamás como ahora ha habido menos libertad. Que es el resultado lógico de haber desterrado el amor. Por eso reinan en el mundo —en ambas Sociedades, la civil y la eclesiástica— el terror, la esclavitud, la coacción, la iniquidad, la mentira y hasta el asesinato en todas sus formas.

El Cantar da cumplido testimonio de que el amor es libertad, y que solamente se consigue cuando se pierde por amor:

> *Ponme como sello sobre tu corazón,*
> *ponme en tu brazo como sello.*[105]

Palabras que lo mismo pueden ser atribuidas al Esposo como a la esposa, en cuanto que cada uno de ellos *quiere pertenecer al otro*. Pues eso es, ni más ni menos, lo que significa llevar marcado el sello del otro como muestra de posesión.

El Esposo solamente se siente feliz cuando su corazón ha sido *prendido* por la esposa:[106]

> *Prendiste mi corazón, hermana, esposa,*
> *prendiste mi corazón en una de tus miradas,*
> *en una de las prendas de tu collar.*[107]

---

[104] 2 Cor 3:17.

[105] Ca 8:6.

[106] *Prender*, aprehender, apresar, aprisionar, capturar, coger, detener (Diccionario *María Moliner*).

[107] Ca 4:9.

La esposa de *El Cantar* ha comprendido muy bien que la Perfecta Alegría solamente el amor puede proporcionarla. Pues es lo que hace que cada uno de los que aman *pertenezca* al otro:

> *Mi amado es para mí y yo soy para él.*
> *Pastorea entre azucenas.*[108]

He ahí claramente expuesto el poder misterioso del amor: la verdadera Libertad y la Perfecta Alegría solamente se alcanzan cuando se *pertenece* a la persona amada por amor. De ahí las palabras de Jesús: *Quien busca su propia vida, la pierde; y quien pierda su vida por mí, la encontrará.*[109]

Si la única manera de vivir la vida es perderla por amor, es porque el amor es lo que hace que la vida sea vida. Y no haber conocido el amor es la razón de que millones de seres humanos hayan pasado por esta Tierra sin conocer la vida.

El amor es lo que decide que la vida transcurra en una existencia vacía para acabar en la Nada, o en una distinta y plena para culminar en el Todo.

Como ejemplo de lo dicho traemos a colación dos construcciones poéticas, una profana y otra mística, donde están contenidas las dos diferentes concepciones de la vida.

La primera es un fragmento del Poema de Jorge Manrique *Coplas a la Muerte de su Padre*. Donde cuenta el poeta su desencanto por la brevedad de la vida y las pocas concesiones que otorga, para terminar en la muerte que iguala a pobres y ricos:

---

[108] Ca 2:16; 6:3.
[109] Mt 10:39.

Epílogo

> *Nuestras vidas son los ríos*
> *que van a dar en la mar,*
> *qu'es el morir;*
> *allí van los señoríos*
> *derechos a se acabar*
> *e consumir;*
> *allí los ríos caudales,*
> *allí los otros medianos*
> *e más chicos,*
> *allegados, son iguales*
> *los que viven por sus manos*
> *e los ricos.*

La segunda contiene una concepción diferente de la vida:

> *Desde las altas cimas*
> *de elevadas montañas*
> *y hondas simas*
> *va el río descendiendo,*
> *en rumorosos saltos repitiendo*
> *la canción de sus aguas cristalinas en paso más ligero*
> *entre colinas,*
> *pues siente de la tierra la presura*
> *de llegar con presteza a la llanura.*
> *Mas, viendo que a su canto*
> *nadie responde, entristecido tanto,*
> *en curso más sinuoso,*
> *más cansado, más triste y perezoso,*
> *el mar sigue buscando.*
> *Y mientras va bajando,*
> *para que el trigo en primavera espigue,*
> *sus aguas va dejando.*
> *Y el río sigue y sigue*
> *a ver si unirse con el mar consigue.*

Como puede verse, la segunda es una composición de orden místico, donde se describen las incidencias de una vida humana transcurrida en Cristo, desde el nacimiento hasta su culminación. Se alude primero al ímpetu y a los sueños de la juventud, para pasar luego a la prudencia y la moderación del período de madurez. Hasta que por fin, transcurridas las pruebas y dificultades de esta vida y habiéndolo entregado todo, dejadas atrás todas las cosas y olvidado de ellas, solamente piensa en llegar al final, con la esperanza puesta en conseguir la unión definitiva con Jesús para perderse en el mar sin orillas de su Amor.

Mientras tanto, *El Cantar de los Cantares*, el Libro del amor, cubierto por el polvo de los siglos, ha permanecido olvidado y casi desconocido desde que los hombres decidieron prescindir de Dios.

Apenas si algunos lo han entendido, y hasta muy pocos dentro de la misma Iglesia. Se acudió a él como una curiosidad histórica, como una muestra preciosa de la Poesía de la Antigüedad y, en todo caso, como un objeto de investigación para desentrañarle su sentido. Sin embargo, dado que la búsqueda de su significado carecía de miras sobrenaturales, y puesto que nadie creía que Dios hubiera sido capaz de escribir un Poema sobre el amor dedicado a los hombres, los resultados que siempre se obtuvieron fueron insignificantes y casi nulos.

Pero Dios nunca habría escrito un Libro en favor de los hombres para que quedara en la inanidad. Siempre existieron días y tiempos desconocidos en los que almas soñadoras acudieron a él para llenar el corazón. Fueron aquellos que ansiaban un mundo nuevo y distinto, por haber creído en la verdad de Aquél que dijo: *He aquí que hago nuevas todas las cosas.*[110] Porque en Cristo *las cosas viejas pasaron*

---

[110] Ap 21:5.

y todo se ha hecho nuevo.[111] Pasaron las injusticias, desapareció la iniquidad, fue aniquilada la mentira y ya no se sintió más el mal hedor del mundo.

Ahora el amor —aquél que fue descrito en el Libro de *El Cantar*— habrá traído de nuevo la Verdad al mundo. Y con ella la Belleza, la Luz y la Alegría. Será entonces cuando toda la Humanidad salvada oiga por primera vez los *Cantos del Amor*. Aquellos que, pese a sus esfuerzos, nunca pudo entonar la Poesía humana. Los que aparecían anotados en los pentagramas de las páginas de *El Cantar de los Cantares* y que los hombres apenas si llegaron a desentrañar.

---

[111] 2 Cor 5:17.

Índice de Citas del Nuevo Testamento

San Mateo

6: 21, **68**
7: 14, **81**
10: 37, **127**
   39, **130, 132**
11: 27, **41**
16: 24, **127**
   25, **130**
19: 21, **127**

San Marcos

8: 35, **130**
10: 21, **69**
12: 30, **120**
   33, **120**

San Lucas

4: 18, **123**
9: 23, **127**
   24, **130**
10: 27, **120**
14: 26, **126**

San Juan

1: 42, **69**
3: 16, **119**

6: 56, **51**
   57, **70**
10: 27, **38**
13: 1, **80, 97, 121**
14: 3, **71**
   6, **54, 129**
15: 5, **54**
   13, **95**
   15, **51**
   18, **17**
21: 15, **127**

Romanos

8: 23, **79**
14: 8, **86**
   17, **79**

1 Corintios

1: _, **6**
2: 9, **112**
9: 24, **83**
13: 8, **41, 71**
   12, **64, 71, 103**
   12–13, **31**
15: 24, **57**
   24–25, **128**

2 Corintios

3: 17, **35**, **131**
4: 16, **6**
5: 17, **135**
12: _, **31**

Gálatas

2: 20, **59**, **70**
6: 8, **73**

Efesios

5: 16, **69**
   32, **121**

Colosenses

1: 24, **99**
3: 11, **57**

2 Tesalonicenses

2: 10–12, **34**

Hebreos

13: 8, **99**

Santiago

4: 4, **16**

1 San Juan

2: 23, **55**
4: 20, **83**
   8, **15**
5: 12, **55**

Apocalipsis

21: 5, **134**

Siglas
de los
Libros Bíblicos

Ab, Abdías	**Ha**, Habacuc	**Mt**, Mateo
Ag, Ageo	**Heb**, Hebreos	**Na**, Nahúm
Am, Amós	**Hech**, Hechos de los Apóstoles	**Ne**, Nehemías
Ap, Apocalipsis		**Nú**, Números
Ba, Baruc	**Is**, Isaías	**Os**, Oseas
Ca, Cantar de los Cantares	**Jb**, Job	**1 Pe**, 1 Pedro
	Jds, Judas	**2 Pe**, 2 Pedro
Col, Colosenses	**Jdt**, Judit	**Pr**, Proverbios
1 Cor, 1 Corintios	**Jer**, Jeremías	**1 Re**, 1 Reyes
2 Cor, 2 Corintios	**Jl**, Joel	**2 Re**, 2 Reyes
1 Cr, 1 Crónicas	**Jn**, Juan	**Ro**, Romanos
2 Cr, 2 Crónicas	**1 Jn**, 1 Juan	**Rt**, Rut
Da, Daniel	**2 Jn**, 2 Juan	**Sab**, Sabiduría
De, Deuteronomio	**3 Jn**, 3 Juan	**Sal**, Salmos
Ece, Eclesiastés	**Jon**, Jonás	**1 Sam**, 1 Samuel
Eco, Eclesiástico	**Jos**, Josué	**2 Sam**, 2 Samuel
Ef, Efesios	**Ju**, Jueces	**San**, Santiago
Esd, Esdras	**La**, Lamentaciones	**So**, Sofonías
Est, Ester	**Lc**, Lucas	**1 Te**, 1 Tesalonicenses
Ex, Éxodo	**Le**, Levítico	**2 Te**, 2 Tesalonicenses
Ez, Ezequiel	**1 Mac**, 1 Macabeos	**1 Tim**, 1 Timoteo
Flm, Filemón	**2 Mac**, 2 Macabeos	**2 Tim**, 2 Timoteo
Flp, Filipenses	**Mal**, Malaquías	**Tit**, Tito
Ga, Gálatas	**Mc**, Marcos	**To**, Tobías
Ge, Génesis	**Mi**, Miqueas	**Za**, Zacarías

Índice General

MÍSTICA Y POESÍA

	Introducción	5
I.	Mística y Poesía	15
II.	El tema de "La Arcadia" en la Mística y en la Poesía mística ...	21
III.	Metáforas y figuras literarias en la Poesía mística	27
IV.	El diálogo en la Poesía mística	33
V.	El susurro en la Poesía mística	45
VI.	La reciprocidad en el amor en la Mística y en la Poesía mística .	51
VII.	La mirada amorosa en la Mística y en la Poesía mística	63
VIII.	De la paz y la tranquilidad en el itinerario de la vida contemplativa	75
IX.	La participación en la Muerte de Cristo según la Mística y la Poesía mística y otros temas relacionados	85
X.	De algunos problemas que plantea la visión contemplativa en relación con la Poesía	101
XI.	El Sonido, la Música y otros temas de la Poesía Mística	107
	Epílogo	117

www.ingramcontent.com/pod-product-compliance
Lightning Source LLC
Chambersburg PA
CBHW060413010526
44107CB00006B/676